Seiko Matsuda on the silver screen

銀幕の松田聖子

伊豆の踊子・ハワイ・東京ディズニーランド・
教会結婚式から見えてくる一九八〇年代

長谷川 功一

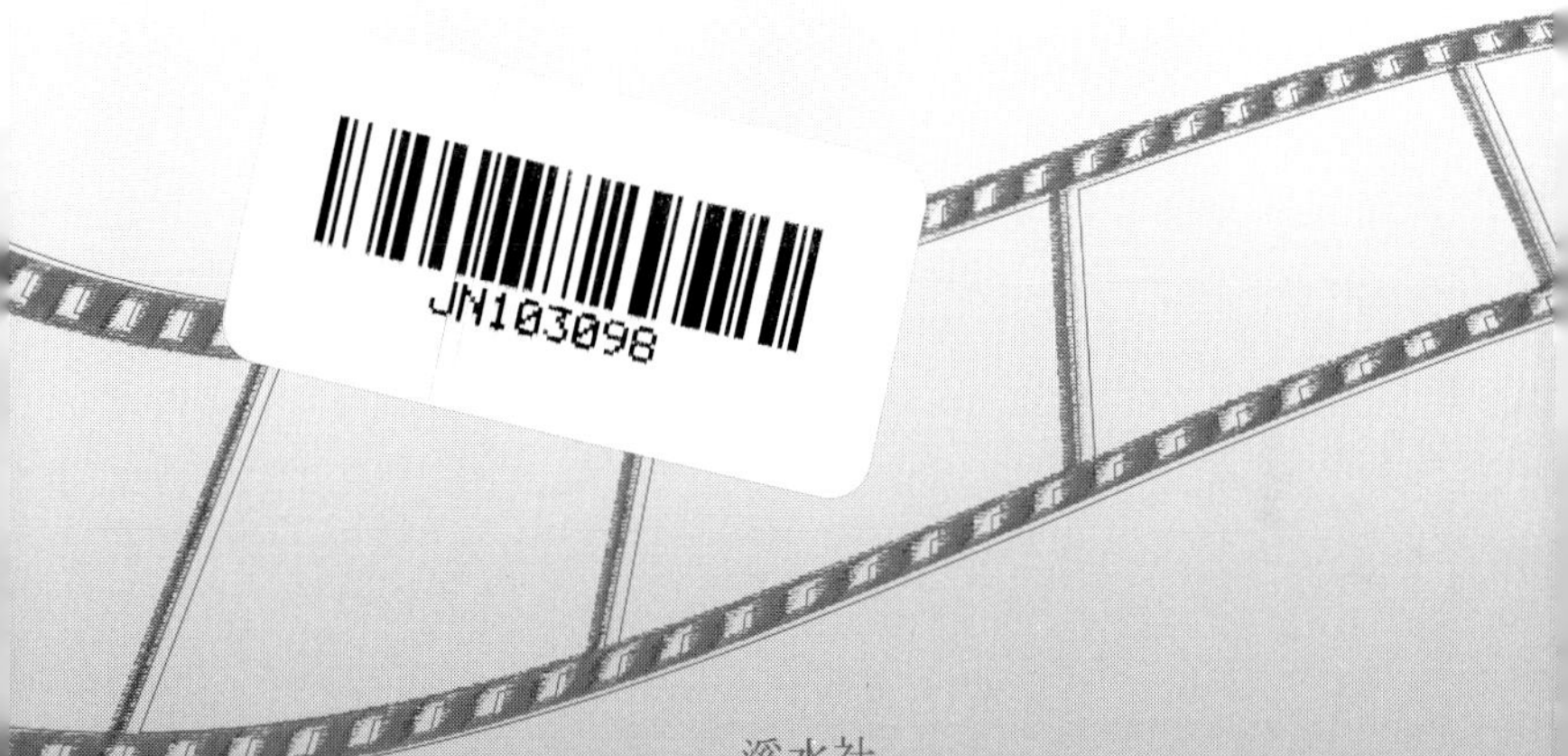

渓水社

はじめに

本書は、昭和・平成・令和の三時代にわたって活躍を続ける歌手・アーティストの松田聖子が、アイドルとして全盛期にあった一九八〇年代前半に主演した四本の映画、『野菊の墓』（一九八一年）、『プルメリアの伝説　天国のキッス』（一九八三年）、『夏服のイヴ』（一九八四年）、『カリブ・愛のシンフォニー』（一九八五年）を同時代の文脈上で取り上げて、彼女の演じたヒロイン像、物語の内容と構造、批評家や観客の受け取り方などに、当時の時代性がどのように刻印されているのか、あるいは、それらの作品の考察から、彼女の活躍した一九八〇年代が、どのような時代として見えてくるのかを考えた映画研究書である。

したがって、彼女の楽曲やアイドル歌手としての活動は本書の主題ではなく、映画の考察と関わってくる範囲内で取り上げている。もちろん、アイドル歌手としての人気あってこその映画出演なのだが、楽曲を構成要素のひとつとして含みながらも、総体的には楽曲とは異なる表現媒体である映画には、独自の娯楽性と大衆性、歴史と文化的役割があるので、彼女の歌やアイドル像は、それらの観点から捉え直されることになる。

松田聖子は一九八〇年四月、十八歳で『裸足の季節』でデビュー、二枚目の『青い珊瑚礁』（一九八〇年七月発売）で人気に火がつき、三枚目の『風は秋色』（一九八〇年十月）でオリコンシングルチャート一位を獲得すると、以後発売のシングル曲は軒並みのヒットとなり、彼女の半生記をまとめた作家の大下英治の表現を借りれば、「火を噴くような勢いでスーパーアイドルになっていった」[1]のである。

松田聖子の人気は、一九八五年の俳優の神田正輝との結婚（一九九七年に離婚）、翌年の長女・神田沙也加の出産を経ても大きな衰えを見せず、一九八八年の『旅立ちはフリージア』までシングル二十四枚連続一位の記録を達成し、八〇年代を代表するアイドル歌手として歌謡界に大きな足跡を残した。[2]

音楽評論家の高護は、松田聖子が八〇年代にトップアイドル歌手の座を獲得しえた理由を、次のように説明している。高護によれば、松田聖子は、南沙織の『17才』（一九七一年）と郷ひろみの『男の子女の子』（一九七二年）のヒットから始まった「アイドル歌謡」と、サウンドの快適さや言葉の響き・リズムを、歌詞の物語や意味と同等か、それ以上に重視し、一九七〇年代後半から歌謡曲の主流になってきた「シティ・ポップス」（寺尾聰の一九八一年『ルビーの指環』のヒットを、その確立の「決定打」としている）との融合を成功させ、自我の確立した女性としての自己主張を込めた歌詞という「本質的な新しさ」を持ち、男子のみならず、女子中高生からも支持を得ることで、八〇年代の歌謡界において、単独で「ひとつのシーン」を形成しえたのである。[3]

松田聖子は一九九〇年代以降も、北米やヨーロッパでのシングル・アルバムの発売、自身が作

アイドル歌手時代の松田聖子（1981年）。髪型は当時流行した“聖子ちゃんカット。”

写真提供：共同通信社

詞も手がけた『あなたに逢いたくて～Missing You～』（一九九六年四月）による初のミリオンセラー達成など[4]、音楽活動を積極的に展開し、新型コロナウイルス感染拡大のために史上初の無観客開催となった、二〇二〇年のNHK紅白歌合戦にも二十四回目の出場を果たしており、まもなく還暦を迎えようとする今も、往時のアイドルの気配を身にまといながら、現役として歌い続けている。「いまなお日本人女性の生き方に大きな影響を与え続ける松田聖子」と、彼女の楽曲をプロデュースしたCBS・ソニーの酒井政利が評するように[5]、伝統的な男女関係・職業観にとらわれずに、自分の価値観・キャリア志向を貫こうとする生き方が、女性を中心に幅広い支持を集め続けている。

このように歌手としては類まれな歌唱力に恵まれ、一流のアーティストと呼ばれるのにふさわしい活躍を見せてきた松田聖子であるが、女優としての力量や主演映画の評価はおしなべて低い。彼女を取り上げた書籍では、「その演技力のなさには定評があります[6]」、「女優としての松田聖子は、山口百恵に比べるとその演技の評価はあまりにも低い。比較して論じられることすらない[7]」、『野菊の墓』は「健闘」したが、それ以外の三作品は「聖子が出ていること以外、意味のない作品だった[8]」、「彼女の主演映画は、自分自身の恋愛シミュレーションゲームに他ならない[9]」などのあまり芳しくない批評が並んでいる。確かに彼女が名女優ではないことは、誰もが認めるところである。

そのような低評価にもかかわらず、本書で松田聖子の独身時代の主演作をあえて取り上げる理由は、アイドル歌手としてあれほどの活躍を見せた彼女であってみれば、その全盛期に主演した映画にも、その出来が平凡であったとしても、何かしら研究に値するものが含まれているのではないだろうか、という想いがあるからである。
アメリカの歴史家のスティーブン・ミンツとランディ・ロバーツは、ハリウッド映画の持つ文化史上の意義について、次のように述べている。

あらゆる大衆文化の産物の中で、映画以上にわれわれの共同体としての想像力が刻印されるものはない。（中略）文化的産物としての映画は、アメリカの文化と社会の歴史に向けて開かれた窓である。芸術、ビジネス、大衆娯楽の混合体として、映画は、アメリカ人の変容する理想、空想、先入観に対する多くの洞察を与えてくれる。(10)

二人の歴史家がハリウッド映画に認めた歴史的・文化的産物としての映画の持つこの価値は、日本映画にも当然当てはまるだろう。大ヒットした駄作、大衆に無視された傑作と言える作品は確かに存在するものの、二人の歴史学者が論ずるように、映画を歴史的資料として取り上げるならば、あらゆる作品に考察に値する何らかの要素が含まれ、それらは映画の制作された時代の社会・文化を理解する貴重な手がかりを与えてくれるはずである。
特に、アイドルを活かすために企画され、ヒットすることが宿命付けられているアイドル映画には、大衆の嗜好や時代の流行が率直に反映されやすいという性格がある。『プルメリアの伝説』を監督した河崎義祐は、アイドル映画における「演出家としての目」とは何かを、このように語っている。

その子がアイドルになっている本当の意味は何だ、現代というものから光をもらってそれを反射させて光っている、その子の一番いいところは何かを見つめることですね。(11)

河崎の言うように、アイドル映画が、アイドルがその時代の中でもっとも光り輝いている部分を捉えようとした映画であるならば、松田聖子の八〇年代前半の主演作にも、彼女を輝かせることになった時代の在り方が作品の中に何らかの形で刻まれているはずである。

映画をそれが制作された時代の文脈で考察しようとする研究には、ある種の危うさがつきまとうことは確かである。映画の内容とその時代の出来事・思潮との間に、明白な関係性が必ずしもあるわけではなく、また、物語や人物像を時代の観点から解釈しようとする行為には、恣意的な読みが混入しやすく、時には牽強付会な議論に陥る危険性もある。いわゆる深読みである。映画研究者の間でも批判の多い手法である。おそらく本書の記述もそうした恣意性を完全には免れてはいないだろう。

それでも、昔の映画を観る時、現代とは異なる当時の社会の様相や雰囲気を感じることは、誰もが経験していることだろう。具体的に言えば、登場人物の発言や言葉遣い、街の景観、衣服・生活道具・乗り物などの形やデザイン、物語に織り込まれた形での人々の考え方や価値観、そして、それらがどのように演出・描写されているかなど、小道具ひとつから作品構造まで、ひとつの映画作品の中の様々なレベルにおいて、現在の我々に興味深く思えるものが見出されるのだが、それらは、無視するにはもったいない、過去の時代への接近を可能にしてくれる手がかりなのである。

松田聖子の八〇年代前半の映画は、筆者がその時代を生きてきたせいか、それほど古いものにはまだ感じられないが、それでも現在の目で見ると、人物描写や物語の内容に、ちょっとした違和感や興味深い点が感じられる。それらは映画の公開時には社会の中に埋没していたが、後世の視点には浮き上がって見えてきた時代の様相である。それらを手がかりに、松田聖子の独身時代の四作品を一九八〇年代の文脈に置いて、作品とそれが制作された時代を新たな角度から理解しようと企図したのが本書なのである。

『カリブ・愛のシンフォニー』を監督した鈴木則文は、「映画はその時代を彩る徒花であり、その時代の匂いや息吹を伴った生き証人である」と述べているが、[12]以下に続く本論では、彼女の四作品を一九八〇年代の銀幕上の「生き証人」として捉え、本書の副題にある四つの切り口から探っている。

『野菊の墓』の切り口は〝伊豆の踊子〟である。川端康成の小説『伊豆の踊子』は六回にわたって映画化されているが、松田聖子の『野菊の墓』をその七度目の映画化作品と位置付けることで、系譜としての映画『伊豆の踊子』、映画『野菊の墓』、そして、松田聖子の演技について、新たな理解を得ようと試みた考察である。八〇年代という時代性よりは、日本映画史上の関心の方に力点が置かれている。

『プルメリアの伝説』の切り口は〝ハワイ〟である。松田聖子は当初、男子中高生からの支持で人気を得たが、この映画はなぜか若い女性を中心にヒットした。この理由を、映画の主な舞台がハワイで、松田聖子がハワイ生まれの日系女性を演じていることに注目して、ハワイ映画（ハワイを主な舞台にした日本映画）の系譜に置き、ヒロインの人物像を従来のハワイ映画における日系女性像と比較することで考察している。

『夏服のイヴ』の切り口は〝東京ディズニーランド〟である。この映画公開の前年に東京ディズニーランドが開園して大きな話題になったが、映画に出てくるニュージーランドでの旅行の場面を、テーマパーク体験の表象と位置付けて考察し、その議論を適用する形で、ヒロインの恋愛がテーマパーク体験化されていることを論じている。

『カリブ・愛のシンフォニー』の切り口は〝教会結婚式〟である。教会式の挙式スタイルは、日本でも八〇年代中頃から増えてくるが、この社会的動向を反映して、日本映画でも教会結婚式が出てくる作品が八〇年代中頃から目立つようになってくる。この「教会結婚映画」の代表として『カリブ・愛のシンフォニー』を取り上げ、教会結婚式の主流化を促した時代背景の観点から映画を考察している。

なお、本書の第一・二・四章は学会誌に発表した論文を加筆修正したものである。初出は「あとがき」に記している。

註

(1) 大下英治『魔性のシンデレラ―松田聖子ストーリー』角川文庫、一九八九年、一三三頁。
(2) ファンティックラブ監修『地球音楽ライブラリー　松田聖子　増補改訂版』ＴＯＫＹＯ　ＦＭ出版、二〇〇七年、一六〇―一七一頁。
(3) 高護『歌謡曲―時代を彩った歌たち』岩波新書、二〇一一年、一二九―一三六、一七八―一八二、一八三―一八四、二〇七―二一二頁。
(4) 『地球音楽ライブラリー　松田聖子　増補改訂版』、一七七頁。
(5) 酒井政利『誰も書かなかった昭和スターの素顔』宝島ＳＵＧＯＩ文庫、二〇一八年、四頁。
(6) 小倉千加子『増補版　松田聖子論』朝日文庫、二〇一二年、一六一頁。
(7) 中川右介『松田聖子と中森明菜―一九八〇年代の革命　増補版』朝日文庫、二〇一四年、一一七頁。
(8) 『語れ！　80年代アイドル』ＫＫベストセラーズ、二〇一四年、七二頁。
(9) 『別冊映画秘宝　Vol.2　アイドル映画30年史』洋泉社、二〇〇三年、一五七頁。
(10) Steven Mintz, Randy Roberts, *Hollywood's America: United States History through Its Films* (St. James, New York: Brandywine Press, 1993), 1.
(11) 「ザ・アイドル　特集6　河崎義祐監督インタビュー」『キネマ旬報』一九八三年八月下旬号、三六頁。
(12) 鈴木則文著・小野寺勉編『権威なき権威―カントク野郎鈴木則文』ワイズ出版、二〇一八年、八五頁。

目次

目　次

銀幕の松田聖子

――伊豆の踊子・ハワイ・東京ディズニーランド・教会結婚式から見えてくる一九八〇年代――

第一章　松田聖子の登竜門

映画『伊豆の踊子』の系譜（一九三三年―一九七四年）と映画『野菊の墓』（一九八一年）

川端康成の小説『伊豆の踊子』は、日本映画史上、「少女スターの登竜門[1]」、「新人女優の登竜門[2]」、あるいは、踊子役が「その時代の清純スターの、出世役[3]」として、一九三三年以降、これまでに六回にわたって映画化されている。最終作品は、一九七〇年代後半を代表したアイドル歌手の山口百恵が出演した一九七四年の作品で、それから半世紀近く新作がないので、その「登竜門」としての役割は事実上終えたと言えるのだが、興味深いのは、一九八一年に松田聖子の初主演作『野菊の墓』が制作されていることである。

この『野菊の墓』は、松田聖子が山口百恵の引退後のトップアイドル歌手だったこと、『伊豆の踊子』と同種のテーマで文芸映画のリメイクであったこと、彼女を女優としても売り出す企画だったことを考慮すると、松田聖子にとって「新人女優の登竜門」の役割を果たしており、その意味で、制作されなかった七度目の『伊豆の踊子』に相当すると考えられる。

そこで本章では、映画『野菊の墓』を、映画『伊豆の踊子』の系譜の延長上に置いて考察してみたい。すなわち、仮に松田聖子の『伊豆の踊子』第七回作品が実現していた場合、どのような踊子の演技が要求され、彼女がそれに応えられていたかどうか、つまり、彼女が「新人女優の登竜門」を首尾よく通過できたかどうかを、『野菊の墓』における演技を参照しながら考えてみたい。

一．映画『伊豆の踊子』の系譜（一九三三年－一九七四年）

川端康成が一九二六（大正十五／昭和元）年に『文藝時代』に発表した『伊豆の踊子』は、『雪国』や『古都』と並ぶ川端の代表作である。川端本人の旅行体験を基にしており、伊豆に一人旅に出た一高生が、旅芸人の一座と道連れになり、修善寺から湯ヶ島、天城峠をともに越えていくなかで、踊子の「薫」と親しくなって、お互いに淡い恋心が芽生えるものの、一高生は下田から船で帰京することを決意し、二人は別れるという粗筋である。

二人が結ばれない真の理由は、一高生という当時のエリート階級と旅芸人という賤業の間の社会的身分の差である（旧制第一高等学校は戦後に東京大学教養学部に移行）。封建的偏見のために成就しない若い男女の愛というこの主題は、後に検討する『野菊の墓』とも共通している。

この『伊豆の踊子』が先述のように、「新人女優の登竜門」として六回にわたって映画化されてきた。第一回作品は、五所平之助が一九三三年に田中絹代主演で撮ったサイレント映画『恋の花咲く　伊豆の踊子』である。[4]田中絹代は早くも十四歳で『村の牧場』(一九二四年、清水宏監督)で主役を演じるなど、その可憐な容姿と演技で人気を獲得、トーキー時代に入ると持ち前の甘い声も受けて、「押しも押されぬ松竹のドル箱女優」に出世後、『伊豆の踊子』に主演した。[5]

五所平之助は、当時二十三歳の田中絹代が演じた数え年十四歳の踊子について、[6]「純真なあどけない美しさと可憐さを素直に表現していた。素朴な哀しさも襟足に漂わせて、独自の役柄であったと思っている」という演技評を残している。[7]田中絹代の方では晩年、「五所平之助先生のていねいな仕事ぶりにおつきあいするうちに、大げさにいえば私自身の映画観、あるいは芸というものに対する考え方が、ずいぶんと変わっていったように思うのです」と述懐している。[8]

第二回は、野村芳太郎が一九五四年に美空ひばり主演で撮った作品である。九歳で歌手として舞台に立った美空ひばりは、十二歳で主演した映画『悲しき口笛』(一九四九年、家城巳代治監督)が、主題歌とともに大ヒットし、以後は歌謡と映画の二つの世界で活躍し続け、弱冠十四歳にして「日本を代表するトップ歌手の座」に就き、[9]喜劇界の帝王・古川ロッパ(緑波)をして、「美空ひばり、こんな人気のある者は、一体今迄の日本に在ったらうか」[10]と言わしめるほどの大スターになった。美空ひばりは四十本以上の映画に出演後、『伊豆の踊子』に主演したのだが、踊子役は、それまでの子役(少年役もあった)から脱して、「年相応の娘らしさ」を見せる女優へと成長するきっかけになった点で、彼女の映画歴ではひとつの転換点だったと評価されている。[11]

『伊豆の踊子』第四・六回作品を監督した西河克己は、美空ひばりの作品において、『伊豆の踊子』が「まだ女になりきらない少女役の新人女優を大きく売り出すのに恰好のタイトル」と捉えられ、「この発想は、『伊豆の踊子』のひとつの定型として、それ以後、継承されてゆくことになるのである」と指摘している。[12] 当時の新聞でも、「ほのかな恋心」を表現できた美空ひばりの演技が、「年齢的に一ばんやりにくい年ごろの彼女としては、一応は及第点の出来だといってもよかろう」と評されており、西河の指摘を裏付けている。[13]

第三回は、川頭義郎が一九六〇年に鰐淵晴子主演で撮った作品である。日本人の父とドイツ人の母を持つ鰐淵晴子は、「原節子の再来」と言われたほどの「オーソドックス」な美貌の持ち主で（原節子も「混血」の噂が絶えない西洋風の女優だった）、『手さぐりの青春』（一九五九年、川頭義郎監督）や『わかれ』（一九五九年、野崎正郎監督）のヒロイン役で注目を浴び[14]、西河克己の言葉を借りれば、「その人気をさらに上昇気流に乗せるという意図」[15]から『伊豆の踊子』に主演、目鼻たちの整った端正な容姿で、あまり影を感じさせない踊子を演じた。新聞の劇評では、原作を「現代風」に演出した「清潔な青春もの」で、彼女の顔が「あまりに都会的で素朴な味がない」とも書かれている。[16]

第四回は、西河克己が一九六三年に吉永小百合主演で撮った作品である。十三歳で銀幕デビューした吉永小百合は、日活アクション映画の少女役の常連となる一方、石坂洋次郎の小説を原作とする一連の「青春映画」のヒロイン役を演じ、その「庶民性と純情さ」が支持されて人気が急上昇、この「青春映画路線」は『キューポラのある街』（一九六二年、浦山桐郎監督）でひとつの頂点を迎えており、その翌年の『伊豆の踊子』出演であった。[17] 吉永は彼女らしいはつらつとしたしぐさで、一高生への想いを健やかに表現している。

吉永小百合の俳優歴では、『伊豆の踊子』は特別に重要な位置を占める作品とは言い難いものの、踊子の純情や淡い恋心の表現には「適役」だと当時評されたほか、[18] 川端の原作に特別な思い入れを持っていた吉永にとっては、思い出深い作品になったようである。[19]

第五回は、恩地日出夫が一九六七年に内藤洋子主演で撮った作品である。内藤洋子は高校在学中に、黒澤明監督の『赤ひげ』（一九六五年）で幕府の典医の娘役に抜擢されて映画デビュー、連続テレビドラマ『氷点』で人気が上昇、その後に初主演した青春映画『あこがれ』（一九六六年、恩地日出夫監督）がヒットした。[20]『伊豆の踊子』は「その余勢をかって内藤洋子を売り出すための企画」[21] として、同じ恩地監督で演出され、彼女の持ち味の清純が好評を博した。後述のように映画でおでこを出すのを嫌った松田聖子とは対照的に、内藤は「可愛いオデコ」姿が人気を呼んだ「アイドルスター」だった。[22]

第六回は、再び西河克己が一九七四年に山口百恵主演で撮った作品で、内藤洋子までの女優が映画界のアイドルであったのに対して、テレビ界のアイドルによる銀幕進出だった。西河は彼女の映画デビュー作に『伊豆の踊子』を選んだ理由について、人気歌手でも「演技力は未知数」のため、セリフが少なく、受身の芝居が多い『伊豆の踊子』ならなんとかなると考えたと発言している。[23]

山口百恵はこの初主演作で、さわやかな笑顔を見せながらも、全体的に抑え気味の表情やしぐさで、心情を内に秘めた乙女を演じ、後に結婚することになる共演者の三浦友和との相性も良く、[24]映画は監督の期待以上にヒットした。[25]また、三浦友和にとっても、『伊豆の踊子』出演が映画俳優業への本格的進出の足がかりとなった。[26]

この『伊豆の踊子』の成功によって、山口百恵の活躍の場は映画界にも広がった。テレビアイドルの映画進出は一九七〇年代から盛んになるものの、ほとんどのアイドルが数作で打ち止めだったのに対して、山口百恵一人だけが本格的な女優へと成長し、東宝に安定した興行収入をもたらす看板スターになったのである。[27]引退作品の『古都』（一九八〇年、市川崑監督）までに主演した十三本はすべてヒット作となり、そのうち十二本で共演した三浦友和とのペアは「ゴールデン・コンビ」と呼ばれ、ゴールデンウイーク・夏休み・年末年始の集客期には、百恵・友和ファンが映画館につめかけた。彼女が引退せずに俳優業に専念していれば、女優として一層の成長を見せていただろうという意見は今でも聞かれる。[28]引退時の記者会見では、『伊豆の踊子』が自分の出演作品では一番好きと答えている。[29]

このように『伊豆の踊子』は六回にわたって映画化されてきた。先述のように西河は、美空ひばり作品の成功後、この題材が若手のスター女優向きであることが、映画関係者の間で認知されてきたと指摘しているが、各紙・各誌の批評を参照すると、[30]「新人女優の登竜門」として枠組みされてくるのは、第五回作品からだと思われる。第四回作品までは、それまでの映画化回数は言及されても、「登竜門」などに類する記述はなく、内藤洋子の第五回作品で「若手俳優のスターへの登竜門」[31]という表現が現れ、山口百恵の第六回作品も「新人女優の登竜門作」[32]という紹介がなされているからである。

一九七九年六月下旬号の『キネマ旬報』掲載の記事「図説日本映画風土記⑤伊豆—踊子あるいは処女の主題」では、六人の女優の顔写真が見開きで配置されており[33]、映画『伊豆の踊子』がすでにひとつの系譜として認識されていたことがうかがえる。

かくして『伊豆の踊子』は、松田聖子のデビュー前に、日本映画史では類例のない「新人女優の登竜門」として系譜化されるに至ったのである。

二　松田聖子主演の幻の『伊豆の踊子』

『伊豆の踊子』の映画化は六回で終わっているが、第七回作品の制作が期待されていたことを示唆する映画の記念碑がある。『伊豆の踊子』で主人公が歩いた天城路は、現在遊歩道が整備され、歩道沿いには小説や映画にまつわる様々な碑や銅像が建てられているが、そのひとつに、第一回作品を撮った五所が一九七九年春に建立した句碑があり[34]、その裏には、「「薫」の役は新人女優の登竜門となった」という小説家の北條誠による一文と[35]、主演女優の一覧が次のように刻まれている（写真参照）。

第一回　昭和八年　　　田中絹代
第二回　昭和二十九年　美空ひばり
第三回　昭和三十五年　鰐淵晴子
第四回　昭和三十八年　吉永小百合
第五回　昭和四十二年　内藤洋子
第六回　昭和四十九年　山口百恵

　この一覧で注目したいのは、山口百恵の次の空欄である。『伊豆の踊子』を英訳したエドワード・G・サイデンステッカーは自伝で、「川端作品は、映画製《ママ》作者には非常に人気があって、特に『伊豆の踊子』など、何度も繰り返し映画化されてきたし、これから先も、まだまだ繰り返されるに違いない」[36]と、『伊豆の踊子』新作への期待を表明したが、句碑における山口百恵の次の空欄も、新作が映画関係者の間で待望されていたことを示唆している。
　この関係者の期待に反して、映画化が六回で止まった理由について、西河克己はこのように論じている。小説の読者は川端の巧みな筆致によって、「生き生きとした絶妙な踊子像」を脳裏に「創造」するが、「そのような踊子像を実際の女優で具現するのは絶望的な作業」であり、「映画

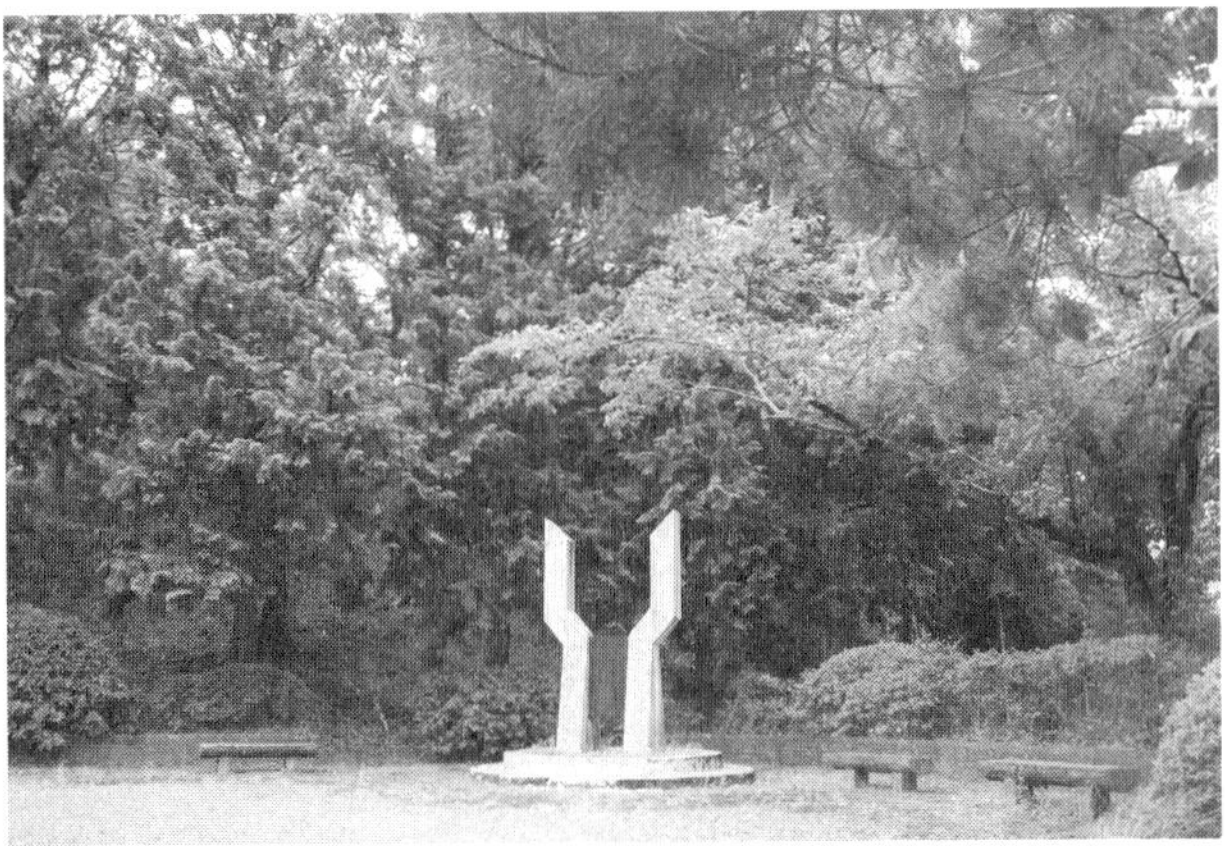

映画監督の五所平之助が建立した『伊豆の踊子』の句碑。五所は俳人としても知られている。　　　（静岡県伊豆市湯ヶ島）。

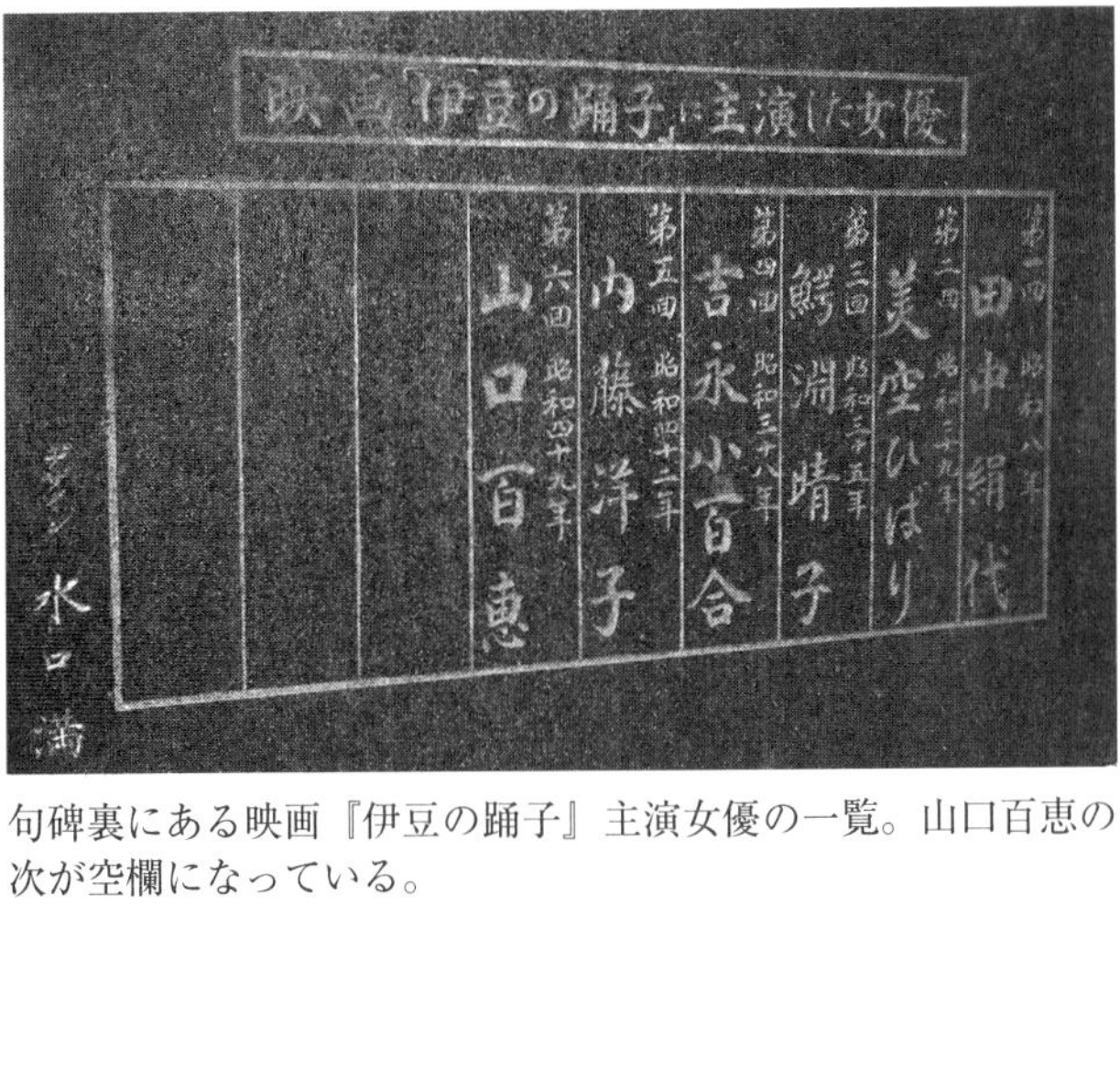

句碑裏にある映画『伊豆の踊子』主演女優の一覧。山口百恵の次が空欄になっている。

作者は、読者たちの勝手な創造物である踊子像に負けないような、公約数的な美少女や人気者を主演者に当てなければならない」が、そのような若手の女優が不在だったために、『伊豆の踊子』映画化の系譜が途切れたのである[37]。

だが、ふり返ってみると、そのような「公約数的な美少女や人気者」は実は存在していたように思われる。西河の踊子像に適うかは不明であるものの、松田聖子である。もしも『伊豆の踊子』第七回作品が、一九八〇年の山口百恵の芸能界引退後に企画されていたならば、その主演は、山口百恵後にトップアイドルの座を獲得した松田聖子以外にはありえなかったと思われる。

松田聖子は『野菊の墓』で映画デビューしたが、仮に別の題材が選ばれていたとしたら、「新人女優の登竜門」としての評価が確立していた『伊豆の踊子』だった可能性が高く、『野菊の墓』を監督した澤井信一郎は、監督依頼の話がきた時、松田聖子主演での『野菊の墓』は既定路線であったものの、その前段階として、『伊豆の踊子』も同時に考慮された結果、映画化回数の少ない『野菊の墓』(この時点で二度映画化されていた)が選ばれたのではないかという推測を披露している[38]。

この澤井の発言からうかがえるのは、『野菊の墓』と『伊豆の踊子』が映画関係者によって、アイドル女優向けの文芸映画の定番として同列に置かれていたことであるが、この点は、松田聖子の次回作の候補のひとつに『伊豆の踊子』が入っていたことや[39]、山口百恵の主演二作目の候補に『野菊の墓』が挙がっていたというエピソードによっても裏付けられる[40](実際の山口百恵の二作目は三島由紀夫原作の『潮騒』（一九七五年、西河克己監督）になったが、テレビドラマ『野菊の墓』には一九七七年に主演している）。題材の点から言っても、『伊豆の踊子』での松田聖子の映画デビューは充分ありえた選択だったのである。

また、松田聖子が〝ポスト百恵〟として売り込まれた点を重視するならば、山口百恵の女優としての活躍の出発点になった『伊豆の踊子』が、やはり彼女の映画デビュー作にもふさわしかったのではないかと考えることもできる。すなわち、一九七〇年代の歌謡・映画界で華々しく活躍した山口百恵が一九八〇年、「彼女の歌や芝居の才能が花開いた絶頂期」（三浦友和の表現[41]）の中で引退し、その空位となったトップアイドルの座に向けて、松田聖子は売り込まれたわけであるが、そうであれば、歌手だけではなく女優としても、山口百恵同様の活躍が期待されたことは自然の成り行きだったからである。そのような期待は、「山口百恵引退後、アイドル歌手ナンバー1の座についた松田聖子が、映画の世界でも〝ポスト百恵〟をめざした主演第一作[42]」という『野菊の墓』の紹介文や、「山口百恵のあとがまは松田聖子。すでに来年の夏も彼女主演の文芸ものと決定している[43]」という、『野菊の墓』公開後の東映関係者の発言に表れていたと言える。

映画批評家の寺脇研が、松田聖子の『野菊の墓』が三度目の映画化で、過去二作でも有望な新人女優が起用されたことと、相手役が一般公募されたことに注目して（三浦友和も形式上は一般公募で選ばれた）、松田聖子の映画デビューが「すべて山口百恵の『伊豆の踊子』での映画デビューを想起させる」と指摘するほどに[44]、山口百恵を意識しての文芸映画の路線であったならば、彼女の初主演作の題材にも、山口百恵を成功裡に映画界に送り出した『伊豆の踊子』を選んだとしても驚くにはあたらなかったと思われる。その場合、五所の句碑の主演女優一覧では、「松田聖子」の名前が「山口百恵」の次に刻印されていたことになる。

三．『野菊の墓』における松田聖子の演技

それでは、松田聖子主演の『伊豆の踊子』が実現していた場合、彼女はどのような演技を見せ、その演技で「新人女優の登竜門」を通過できたかどうかを考えるために、実際の初主演作『野菊の墓』における演技を見ていきたい。

『野菊の墓』の原作は、伊藤左千夫が一九〇六年（明治三九年）に文芸誌『ホトトギス』に発表した同名の小説で、次のような粗筋である。舞台は明治期の千葉の農村、十七歳の「民子」は親戚の豪農の家に手伝いとして入り、そこで年下の十五歳の従弟の「政夫」と恋仲になるが、二歳の年齢差と家格差を理由に二人の仲は引き裂かれる。民子は政夫への想いを秘めたまま、軍人の家に強引に嫁がされるが、流産がたたって死んでしまう。農村の因習につぶされる若者の純愛を描いた悲恋物語である。

松田聖子は民子を演じ、映画は原作におおむね忠実に演出されている。制作会社は東映だが、一九六〇年代後半から七〇年代を任侠・ヤクザ映画や『トラック野郎』シリーズ（一九七五年〜

「野菊の墓」で農家の娘を演じた松田聖子。相手役は一般公募で選ばれた桑原正。
「野菊の墓」1981年公開©東映

七九年）で乗り切ってきた東映としては、当時の岡田茂社長が「東映も、とうとう、ピストルもドスも出てこない映画を製作することになったなあっ」との感想を漏らすほどの異色のアイドル映画になった。(45)

プロデューサーを務めた吉田達は、岡田社長が『野菊の墓』の企画を承認したこの会議を、「ある意味では、東映映画史上、歴史的瞬間かもしれなかった」と回想しているが、(46)その言葉に違わず、東映は八〇年代に入ると制作・配給作品をより多様化させ、薬師丸ひろ子と原田知世の次世代アイドルの主演した角川映画、『キン肉マン』や『ビー・バップ・ハイスクール』の人気シリーズ、戦争映画や文芸大作などが会社の屋台骨を支えることになる。(47)

先にも触れたように、松田聖子の『野菊

の墓』は、伊藤左千夫の小説の三度目の映画化である。第一作は木下惠介監督の『野菊の如き君なりき』（一九五五年）、第二作は富本壮吉監督の『野菊のごとき君なりき』（一九六六年）であるが、木下作品は名作との誉が高く、この小説が若い世代に読み継がれていく「〝青春の書〟」の地位を獲得したのは、この映画の成功のおかげだったと指摘されている[48]。

それでは、松田聖子の演技の検討に進みたい。「はじめに」で彼女の演技の評価が低いことに言及したが、『野菊の墓』における演技の議論も、その点の指摘から始めるのが妥当である。彼女はこの映画で、農村社会の封建的な慣習に抗う術も知らずに、政夫への愛を心に秘めたまま死んでいく純朴な娘を演じたが、その演技は素人の演技、良く言えば素朴な感じの演技である。喜怒哀楽の表現では、感情が内面から湧いてくるように感じられないことが多く、長い台詞が一本調子に聞こえることも少なくない。

例えば、他家への強制的な嫁入りが決まった民子が、蔵の陰でしゃがんで泣く場面では、悲しみの感情が実感を伴って伝わってこない。むしろ、横でもらい泣きする、ベテラン女優の樹木希《ききき》林《りん》の方が真に迫った演技を見せている。また、民子の乗せられた花嫁行列に政夫がすがってくる場面でも、彼女の内面で渦巻いているはずの複雑な感情が、その表情からはあまり読み取れない。

演技の拙さは本人も自覚していたようで、数年後にこのように振り返っている。「言われるままに演りましたけど、正直、分からないで演ってたところもあったんです」、「私って、演ずるのはダメだなって思ったんです。セリフはナマリがあったし、演技はできないし……」[49]。

その一方、身体を大きく使った演技では、大人の女に成りきれていない民子の無邪気さがうまく表現されている。例えば、民子が廊下を拭きながら、障子の向こうで寝ている政夫を起こそうとする場面である。四つん這いで進みながら廊下を拭く民子が、その姿勢のまま、おしりを障子にぶつけて政夫を起こそうとする動作はほほえましく、その部屋に踏み込んだ民子を政夫が背後から驚かし、そこから始まる、二人の子どものようなドタバタ騒ぎの演技も生き生きとしている。

劇場公開時の批評では、彼女の演技は否定的と肯定的の両方の評価を受けていて、「役柄相応に持つべきスター性」に欠け、決め台詞も「失笑しか呼ばない」と厳しく評される一方[50]、「松田聖子をスター扱いせず、化粧っ気のないごく普通の娘として演じさせたことが、この映画にしっかりした骨格を与えている。（中略）演技は硬いが、一生懸命にやっているのは好感がもてる」という好意的な意見も見られた[51]。また、フランス文学者・映画評論家の蓮實重彦（元東京大学総長）は松田聖子の演技ではなく、この映画が初監督作品となった澤井信一郎の演出の手腕の方を絶賛している[52]。

総体的に見ると、松田聖子の演技はプロの俳優よりも、素人のものに近かったと言える。映画研究家リチャード・ダイアーが言うように、現実の人間の表情やしぐさは曖昧で多義的な解釈に開かれているが、映画では、強調あるいは限定された意味を、観客が演技から誤ることなく受け取れるように、その目的に適った表情やしぐさをする必要がある。[53] それがプロの俳優の演技であるが、松田聖子にはそのような資質、あるいは十分な訓練が不足していたと思われる。

映画公開時に話題になった、松田聖子のおでこ露出騒ぎも、この演技力不足が背景にあると思われる。松田聖子は今でこそ、額を堂々と出して歌っているが、デビュー当時はおでこを出すのを嫌い、髪型で巧みに隠して自分のアイドル像を創り上げ、それは「聖子ちゃんカット」と当時呼ばれて、若い女性の間で一時大流行し、ある高校の一年生のクラスでは、女子生徒の三分の一がこの髪型をまねていたという証言もある。[54]

だが映画では、かつら姿での演技を余儀なくされ、[55] おでこが露出したために、『野菊の墓』はその内容以外の所で話題を呼んでしまい、[56] 週刊誌では「『野菊の墓』封切り直前に起きた彼女の〝おでこ〟騒動」と騒がれ、[57] 新聞では「松田聖子は〝聖子カット〟とはうって変わった桃割れ髪で、おやと思わせるほどの変貌」と評されたほか、[58] 当時中高生だったと思われる男子ファンの受けた驚きも、ネット上で数多く回想されている。[59]

このおでこへの過剰な注目は、それが民子の人物像を構成する一要素ではなく、松田聖子本人を指示する記号として働いていたことを示している。すなわち、演技者が松田聖子であるという、事実ではあるものの、鑑賞中は一時的に保留すべき約束事が崩れていたのである。

『プルメリアの伝説』を監督した河崎義祐は、「女優の美しさを決定づける重要なポイント」である「髪型とメイキャップ」は、「実世界の人間から芝居の世界の女優として変身する、踏みきり板の役目」を果たすと述べているが[60]、『野菊の墓』では逆に、露出したおでこが、民子が民子ではなく、松田聖子に他ならないことを常に露呈させるように働いてしまったのである。

このように演技が素人でも、そこから物語の世界が綻びずに、『野菊の墓』が作品としての統一性を保てたのは、先述の樹木希林をはじめ、赤座美代子、丹波哲郎、愛川欽也といったベテラン・個性的な脇役陣のおかげであった。この配役は、「アイドル映画」だからこそ、「大人にいい俳優を配役しないと厚みがでない」という澤井の意図的な演出であるが[61]、松田聖子の素人の演技は、脇役陣による映画らしい演技との対比によって、新鮮さ、若者らしさとして映る効果が生まれたのである[62]。

この脇役陣との対比から生まれた松田聖子の演技を、澤井は次のように好意的に評している。

表情はそんなに豊かなほうじゃないけど、まだ自然で、変な芝居のクセを吹きこまれたりしていない、誰も触っていない状態でしたからね。喜怒哀楽、それぞれの表情が自然に出てくるのでよかったです[63]。

なお、このような素人俳優起用の効果は、木下惠介が『野菊の如き君なりき』で実践済みで[64]、澤井もこの先行作品のスタイルを意識して演出している[65]。

四．松田聖子の登竜門

それでは、前節の議論に依拠して、松田聖子主演の『伊豆の踊子』第七回作品を想定し、彼女がその作品によって、「新人女優の登竜門」を成功裡に通過できたかどうかを考えてみたい。

先に映画『伊豆の踊子』の系譜を概観したが、一口に「新人女優の登竜門」と言っても、各女優の俳優歴における出演時期と作品の意義には、相応の幅があった。すなわち、『伊豆の踊子』以前に、すでに多数の出演作を有し、著名だった田中絹代・美空ひばり・吉永小百合を「新人女優」と呼ぶのは適当ではないと思われるし、鰐淵晴子と内藤洋子は「新人女優」とは呼べても、子役としての出演歴は二人ともすでに持っていた。映画女優として本当に「新人」と呼べるのは、山口百恵くらいであった（連続テレビドラマには前年から出演していた）。

したがって、全作品に共通するような「新人女優の登竜門」の枠組みを設定するならば、それは個々の俳優歴ではなく、踊子の演技の観点から考える必要がある。

原作の踊子像の特徴は、川岸にある共同湯から素っ裸で走り出てきて、一高生（と彼女の兄）に手を振るような、「子供」のように無邪気な側面と、山の茶屋で一高生にお茶を出す際に緊張してこぼしてしまうような、乙女の恥じらいの両側面を併せ持っている点にある。すなわち、文芸評論家の村松剛が評したように、踊子は「女と子供との境い目であり、その意味で二重性をもった女性」として描かれているのである（この「二重性」のうち、川端は「子供」の方に力点を置いていたと村松は指摘する）[66]。女優の高峰秀子が十六歳の自分を振り返った表現を借りれば、「肉体的には女として成熟していても、精神的にはまだ、子供時代への未練と、大人という「未知」の世界への期待が交錯する不安定な年頃である[67]」という、少女期特有の揺れる心情である。

この微妙な時期にある踊子をうまく演じられるかどうかが、「新人女優の登竜門」の意味であったと理解できるのだが、この評価軸に依拠するならば、松田聖子は『伊豆の踊子』に主演したとしても、「新人女優の登竜門」を首尾よく通過できなかったと推定される。

踊子の人物像の「二重性」のうち、無邪気な側面は、自然体で表現できたであろうが、乙女の恥じらいの側面は、うまく演技することが難しかったのではないだろうか。山口百恵は踊子の演技の難しさについて、次のような証言を残している。

黙って相手の目を見たりするしぐさのなかに思春期の多感な乙女ごころを表現しなくてはならないなんて―頭の中で理解できても、それをどうやって表わすかそのへんのコツがなかなかのみこめず苦労しました[68]。

先に議論したように、松田聖子に欠けていたのは、ある特定の意味を表情やしぐさから観客に効果的に伝える、そのような演技だったからである。

踊子の子どもの側面しか演じられないという推測は、松田聖子のアイドル像の観点からも裏付けることができる。彼女のアイドル像は、ジェンダー論を研究する心理学者の小倉千加子が、彼女の楽曲はデビュー以来、「一貫して少女の成長の過程とは無関係に」作られ、歌の中では、「それを歌っている聖子の年齢とは関係なく、いつまでも少女のままなのです」と論ずるように、(69)大人の女性に成長せずに、少女のままでいることであり（この点も、女としての成長を歌で表現してきた山口百恵と対照的である）、当時の雑誌でも、「もともと少女のまま成長がストップするようプログラムされたフリークス少女」と揶揄されている。(70)今でも松田聖子は少女のような雰囲気を保持し続けており、それゆえ五十歳を過ぎても「アイドル」と呼ばれるのである。(71)

他方、踊子にとって、「少女」であることは、やがてそこから抜け出て、大人の女性へと成長していくひとつの契機である。この「少女」という段階の引き受け方の相違に照らして考えるならば、「少女」のままのアイドル・松田聖子は、「少女」から成長しつつある娘の揺れ動く心情をうまく演じられないだろうと考えることができる。

松田聖子がこのように少女期に留まることで見せた、アイドル歌手としての清純さは、映画で要求される乙女の恥じらいの演技とは、性質の異なるものである。評論家の中川右介は、アイドル歌手が「清純」であるという神話は一九七〇年代で廃れてしまったが、松田聖子はその虚構のアイドルの「清純」さを、あえて「みえみえ」に演じることで「新しいアイドル」になり、その姿勢が「ぶりっ子」とも揶揄されたと指摘しているが、(72)そのような嘘っぽい「清純」が、「アイドルを演じる過程そのものを提示すること」で生まれるのに対して、[73]映画である『伊豆の踊子』では、往年の名俳優マイケル・ケインが「優秀な映画俳優は、演技の成果が、観客によって演技だと見なされないほどに登場人物になる」と述べたように、[74]演技とは感じられない演技によって、踊子の清純を表現しなければならない。したがって、アイドル歌手として「清純」を見せる演技は、そのままでは映画の世界に持ち込み難いのである。

以上のように考えると、松田聖子の『伊豆の踊子』が制作されていたとしても、その作品は彼女にとって「新人女優の登竜門」にならなかった可能性が高いと思われる。また、その結果、映画『伊豆の踊子』の系譜に対する包括的な評価も、現在のものとはやや異なるものになっていたかもしれない。すなわち、松田聖子が『伊豆の踊子』に主演しても、踊子の人物像を十全に表現しえず、それを歴代女優、特に山口百恵の演技と比較され、その後に一人前の女優にも成長できなかったのであれば、「新人女優の登竜門」にはあまりふさわしくない作品が、系譜の最後に加わることになるからである。

それでも、松田聖子の『伊豆の踊子』が実現していれば、ヒットしたのは間違いないのではないだろうか。後に『カリブ・愛のシンフォニー』で松田聖子を演出した鈴木則文は、「まあ、素直な演技でしたね。名演技じゃないけれども、改めて聖子ちゃん、いいと思いますね」と述べたことがある。[75]自分の映画の主演者なので、お世辞も含まれていようが、「名演技」ではなくても、あるいは、演技の拙さを含めても、それを「いい」と思わせるほどの魅力と勢いを、この時代の松田聖子が持っていたこともまた確かなのである。

註

（1）『東宝青春映画のきらめき』キネマ旬報社、二〇一二年、七頁。

（2）日本映画テレビプロデューサー協会・岩波ホール編『映画で見る日本文学史』岩波ホール、一九七九年、一〇二頁。

（3）北條誠『川端康成　文学の舞台』平凡社、一九七三年、七八頁。

（4）五所は一九三一年に国産初のトーキー映画『マダムと女房』を同じ田中絹代主演で撮っていたが、『伊豆の踊子』で再びサイレントに戻った理由として、古川薫による田中絹代の伝記『花も嵐も』は、当時の重たい録音機材をかついでの頻繁な移動が大変だったこと、短いショットの積み重ねによって「微妙な映像の流れ」を作るのを得意とする五所の演出手法が、当時の同時録音撮影になじまなかったこと、五所が長年映画化を望んでいた『伊豆の踊子』を、映画作品として最高に仕上げるために、手馴れたサイレントの演出方法を駆使したかったこと、サイレント映画にはトーキーにはない詩情があると五所が考えていたことを挙げている（古川薫『花も嵐も―女優・田中絹代の生涯』文春文庫、二〇〇四年、一七五頁）。

（5）キネマ旬報社編『日本映画人名事典　女優篇下巻』キネマ旬報社、一九九五年、一〇三―一〇八頁。

（6）日本文学研究者・翻訳家のエドワード・G・サイデンステッカーは『伊豆の踊子』英訳に際して、小説に書かれている踊子の十四歳という年齢は、数え齢と満年齢のどちらであるかを川端に尋ねて、「数え齢」という答えを得ている（エドワード・G・サイデンステッカー『流れゆく日々―サイデンステッカー自伝』安西徹雄訳、時事通信社出版局、二〇〇四年、三六八頁）。

（7）五所平之助『わが青春』永田書房、一九七八年、八二頁。

（8）日本経済新聞社編『私の履歴書―文化人13』日本経済新聞出版社、一九八四年、二〇四頁。

（9）『日本映画人名事典　女優篇下巻』、六四六－六四七頁。
（10）古川ロッパ『古川ロッパ昭和日記・戦後篇』晶文社、一九八八年、八三八頁。
（11）斎藤完『映画で知る美空ひばりとその時代―銀幕の女王が伝える昭和の音楽文化』スタイルノート、二〇一三年、九二－一〇三頁。
（12）西河克己『「伊豆の踊子」物語』フィルムアート社、一九九四年、八三頁。
（13）『朝日新聞』一九五四年四月二日。
（14）『日本映画人名事典　女優篇下巻』、九四〇－九四一頁。
（15）『「伊豆の踊子」物語』、九七頁。
（16）『讀賣新聞』一九六〇年五月一五日。
（17）『日本映画人名事典　女優篇下巻』、八八八－八八九頁。
（18）『讀賣新聞』一九六三年六月六日。
（19）吉永小百合『人間の記録122　吉永小百合　夢一途』日本図書センター、二〇〇〇年、七三－八〇頁。
（20）『日本映画人名事典　女優篇下巻』、二二六－二二七頁。恩地日出夫『「砧」撮影所とぼくの青春』文藝春秋社、一九九九年、一五三、一六一頁。
（21）『「伊豆の踊子」物語』、一一八頁。
（22）『東宝青春映画のきらめき』、一二六頁。
（23）西河克己・権藤晋『西河克己映画修行』ワイズ出版、一九九三年、三二〇頁。
（24）西河は、『伊豆の踊子』で初めて顔を合わせた山口百恵と三浦友和のペアについて、「また相手の学生役に選ばれた三浦友和も、ふとした偶然のような契機で起用されたが、結果的には、運命的な必然性を感じさせるほど、いわゆる似合いのカップルとなり、作品を決定づける役割を果たしているのである」と証言している（『「伊豆の踊子」物語』、一三〇頁）。
（25）西河は映画の期待以上のヒットについて、「あんなに大きな反響があるとは思わなかった。これをやったら当たるぞ—ということはなかったですからね」と発言している（『京都新聞』一九七五年一月二二日）。

(26) 三浦友和『被写体』マガジンハウス文庫、二〇〇九年、四九-五〇頁。

(27) テレビの普及によって斜陽化してきた映画業界では、スター俳優の集客力が落ち、専属の俳優を新人からスターまで地道に育て上げる力も失われ、また、映画観客の若年層化も進んだことから、若者に人気のテレビタレントを出演させて手早く利益を上げるタイプの映画制作が盛んになるが、ほとんどのアイドルの出演作が数作止まりだったのに対して、山口百恵だけがアイドルから本格的な女優へと成長し、興行的に安定した作品を出し続けた。映画研究家の佐藤忠男は彼女の女優像を、「彼女は可憐さの土台の上に、不敵とも見える居直りの度胸の良さと、かといって突っ張って暴走して自滅する愚かさも似合わない冷静さをあわせ持っていて、一筋縄ではとらえられない少女としてファンの熱い視線をあびた」と評している（佐藤忠男『増補版　日本映画史3』岩波書店、二〇〇六年、一〇七-一〇九、一二五-一二六頁）。

(28) 山口百恵の楽曲を数多くプロデュースした酒井政利は、「もし彼女が21歳で引退せず、芸能活動の軸足を女優に移して活動していたならば、アイドルから女優へと成長した彼女の「名演」を見ることができたに違いない」と、早い引退を惜しんでいる（酒井政利『誰も書かなかった昭和スターの素顔』宝島ＳＵＧＯＩ文庫、二〇一八年、四〇頁）。

(29) 中川右介『山口百恵—赤と青とイミテイション・ゴールドと』朝日文庫、二〇一二年、四八六頁。

(30) 『キネマ旬報』、『朝日新聞』、『毎日新聞』、『讀賣新聞』、『京都新聞』の各映画評を参照。

(31) 『キネマ旬報』一九六七年三月上旬号、五五頁。

(32) 『キネマ旬報』一九七四年一二月下旬号、三四頁。

(33) 「図説日本映画風土記⑤伊豆—踊子あるいは処女の主題」『キネマ旬報』一九七九年六月下旬号、一二三-一二五頁。

(34) 五所の句は次のとおりである。「踊子と　いへば　朱の櫛　あまぎ秋」。

(35) 句碑裏の全文は次のとおりである。「大正七年（一九一八）川端康成先生　十九歳はじめて伊豆に遊び旅芸

(36) 人の一行と道づれになった　この思い出が後に「湯ヶ島での思い出」となり「伊豆の踊子」を生んだ　以来十年間毎年湯本館に滞在し　湯ヶ島は先生と川端文学の故里とはなった　昭和八年（一九三三）五所平之助氏の監督により映画化され日本映画に清新の天地が展けた　以後　映画　舞台　ラジオ　テレビ　となること十数回「薫」の役は新人女優の登竜門となった　踊子の打つ太鼓の音色は今日もなお天城の風にひびき　人の心に通うようである　昭和五十一年秋」。
(37) 『流れゆく日々』、二一三－二一四頁。
(38) 『「伊豆の踊子」物語』、一五七頁。
(39) 澤井信一郎・鈴木一誌『映画の呼吸─澤井信一郎の監督作法』ワイズ出版、二〇〇六年、一三一頁。
(40) 石田伸也『１９８０年の松田聖子』徳間書店、二〇二〇年、一一五頁。
(41) 『「伊豆の踊子」物語』、一三四頁。
(42) 『被写体』、五四頁。
(43) 『キネマ旬報』一九八一年八月下旬号、三七頁。
(44) 『朝日新聞』一九八一年八月七日。
(45) 寺脇研『昭和アイドル映画の時代』光文社知恵の森文庫、二〇二〇年、五〇〇－五〇一頁。
(46) 吉田達「我等の生涯の最良の映画㊿─新人監督誕生の瞬間「野菊の墓」」『キネマ旬報』一九八六年六月下旬号、一四三頁。
(47) 「我等の生涯の最良の映画㊿」、一四三頁。
(48) 大高宏雄「映画会社の、映画会社による、映画制作─30年前をふりかえって見えてくるもの」『１９８０年代の映画には僕たちの青春がある』キネマ旬報社、二〇一六年、一七五－一七七頁。
(49) 『映画で見る日本文学史』、四一頁。
(50) 「「夏服のイヴ」特集１　松田聖子インタビュー」『キネマ旬報』一九八四年六月下旬号、七〇頁。
寺脇研「新人監督と日本映画の現在　観客をどう刺激し挑発するか」『日本映画１９８２　１９８１年公開

映画全集』芳賀書店、一九八二年、一七九頁。
(51)『毎日新聞』一九八一年八月七日。
(52) 蓮實重彦「『野菊の墓』のフィルム的繊細さを触知するのにはそれが映画だとつぶやくだけで充分である」『映画狂人―シネマの煽動装置』河出書房新社、二〇〇一年、一〇四―一〇八頁。
(53) リチャード・ダイアー『映画スターの〈リアリティ〉―拡散する「自己」』浅見克彦訳、青弓社、二〇〇六年、二一七―二一八頁。
(54) 落合真司『80年代音楽に恋して』青弓社、二〇一六年、一〇二頁。
(55) 監督の澤井は、松田聖子は役柄上、おでこを出したカツラを被る必要があると考え、「常に前髪をたらし、決しておでこを見せないという神話の中にいた」彼女との初対面で、「腹くくって」、おでこを見せる「半カツラ」を使うことを伝え、了承してもらったと回想している（『映画の呼吸』、一三四―一三五頁）。
(56) 作家の大下英治は当時の彼女の心境を推し量って、次のように表現した。「聖子はおでこが広い。いままでの松田聖子イメージとは、相反するものがある。自分の欠点をよくわかっている聖子にとって、おでこを全国民の前にさらけだすのは、屈辱以外の何物でもなかった」（大下英治『魔性のシンデレラ―松田聖子ストーリー』角川文庫、一九八九年、一六四頁）。
(57)『週刊平凡』一九八一年八月一三日号、二〇一―二〇三頁。
(58)『毎日新聞』一九八一年八月七日。
(59) 例えば、次のような回想がネット上で見つかる。「聖子ちゃんカットで隠されていたおでこが日本髪を結うことで露わになり驚かなかったファンは誰もいなかったであろう」、「おでこを見せるのは九州弁で「ブーに見えるからいや（みっともない？　格好悪い？）」という理由で前髪を垂らしていた聖子だが、民子役はもろおでこ丸出しなので聖子もしぶしぶ主演を引き受けたのかもしれない」、「髪をアップにしおでこ丸出しの顔が不細工なんだけど変に可愛かった」。次のサイトを参照。https://reminder.top/753820577/

https://blog.goo.ne.jp/hiropy_goo/e/a4afa3a4b3068aa118181e617cbee411
https://plaza.rakuten.co.jp/yuipapa/diary/202005120000/
最終アクセス日はいずれも二〇一九年一〇月一一日。

(60) 河崎義祐『映画の創造』講談社現代新書、一九八四年、五三頁。

(61) 『映画の呼吸』、二四九－二五〇頁。

(62) この種の演技の対比構造は、女優の岡田茉莉子も証言している。岡田は松竹時代、大庭秀雄監督の映画に五本出ているが、大庭は、主演女優の岡田には、「その魅力を壊さないために、自然なままに振舞わせ」、対照的に脇役陣には、「映画に現実感」を与えるために厳しく演出してリハーサルを繰り返したという。この演技の対比が大庭のメロドラマ成功の「秘密」だったのではないかと、岡田は指摘している（岡田茉莉子『女優　岡田茉莉子』文春文庫、二〇一二年、一五三－一五四頁）。

(63) 『映画の呼吸』、一五〇頁。

(64) 木下恵介は、「新人は演技の素人だが、ベテランからは求めがたいナイーブで自然なものを引き出せるという期待が持てる」という信条の監督で、『野菊の如き君なりき』では、民子役に高校生の有田紀子、相手役の政夫に子役出身だがベテランではない青年を起用した（三國隆三『木下恵介伝―日本中を泣かせた映画監督』展望社、一九九九年、一一〇頁）。

(65) 澤井は高校時代に『野菊の如き君なりき』を見て、「たどたどしいけど、とても可愛かった」という有田紀子の演技に心をときめかせ、「高校時代に見た木下作品の鮮烈な記憶に近づければいいな」と考えて演出したと発言している（『映画の呼吸』、一三〇－一三一頁）。

(66) 村松剛「川端文学の女性像」三枝康高編『川端康成入門』有信堂、一九六九年、一四〇頁。

(67) 高峰秀子『わたしの渡世日記　上』文春文庫、一九九八年、二五五頁。

(68) 『別冊　近代映画　山口百恵　伊豆の踊子　特集号』近代映画社、一九七五年、四六頁。

(69) 小倉千加子『増補版　松田聖子論』朝日文庫、二〇一二年、一二七頁。

（70）月刊『アクロス』編集室編・著『アクロスＳＳ選書シリーズＮｏ．７　感性差別化社会へ向けて　新人類がゆく。』、一九八五年、三二頁。
（71）小倉千加子「三十三年目の「松田聖子論」」『文藝春秋』二〇一二年八月号、一九六－一九七頁。
（72）中川右介『松田聖子と中森明菜──一九八〇年代の革命　増補版』朝日文庫、二〇一四年、八七－八九頁。
（73）『松田聖子と中森明菜』、八八頁。
（74）Michael Caine, *Acting in Film: An Actor's Take on Movie Making* (New York & London: Applause Theatre Book Publishers, 1990), 88.
（75）「お竜から聖子　ヒットメーカー健在なり」『週刊民社』、一九八五年五月三日号。

第二章　日系ヒロインの見たお見合い

戦後のハワイ映画と『プルメリアの伝説』（一九八三年）における日系女性像の比較

文芸映画『野菊の墓』で銀幕デビューした松田聖子の主演二作目は、趣向ががらりと変わって、オリジナル脚本によるハワイが舞台のラブロマンスになった。彼女が当時所属していたサンミュージック社長の相澤秀禎は、『野菊の墓』撮影終了後、東映から「山口百恵と三浦友和の線をねらって二作目は『潮騒』でいこう」と打診されたが、「聖子でなくてはできないオリジナル作品」を狙って、東宝制作で『プルメリアの伝説　天国のキッス』（一九八三年、河崎義祐監督）になったことを回想している(1)。

この映画で当時二十一歳の松田聖子は、お見合いと恋愛の板ばさみになって悩む、ハワイ生まれの日系二世の大学生を演じている。かわいさが取り柄の演技と物語の展開の平板さから、「聖子、聖子のワンマン・ショー(2)」、「旧態依然のアイドル映画の範疇を一歩も出られなかった(3)」と評論家の評判は芳しくなかったものの、武田鉄也主演の『刑事物語2・りんごの詩』（杉村六郎監

督）と併映で公開されると、一九八三年の東宝作品の中で最大の興行収入を上げた。(4)

この時代の松田聖子の人気の高さを考えると、映画のヒット自体はさほど驚くことではないものの、興味深いのは、観客の中心が女性アイドルとして予想される男子中高生ではなく、若い女性たちだったことである。現在の彼女のファン層が女性中心であることは知られているが、デビュー時は男子中高生からの熱狂的な応援でトップアイドルの座を獲得しただけに、若い女性たちがこの映画を支持したことは、意外な現象だったのである。

『プルメリアの伝説』のいったい何が若い女性たちにアピールしたのであろうか。本章では、この点を考えるために、映画の舞台がハワイであることに着目して、『プルメリアの伝説』をアイドル映画ではなく、ハワイ映画（ハワイを主な舞台とした邦画）として捉えて、戦後のハワイ映画の系列に置き、それらの作品における日系女性の描写と、松田聖子の演ずる日系ヒロイン像を比較することで、若い女性たちに支持された要素を探っていきたい。

一．若い女性を中心にヒットした『プルメリアの伝説』

松田聖子は一九八〇年のデビュー時、「中高生のアイドル・彗星！」と呼ばれ、(5)翌年には六万人に膨れ上がったファンクラブ会員の約九割が高校生を中心とした男子であったことからも分かるように、(6)ファンの大多数は男子中高生であり、「女性に人気が無い」アイドルとされていたが、(7)

『プルメリアの伝説』が公開されると、意外にも若い女性を中心にヒットした。実際の観客の男女比・年齢層などのデータはないものの、そのような傾向が当時の記事からうかがえる。『キネマ旬報』の記事は、松田聖子の「支持層」が初主演作『野菊の墓』の頃と変わって、「高校生からOLにまで広がっている」と指摘し、東京のある劇場では観客の「約六割」が「聖子ファン」で、その中でも「六対四で女性層の方が多い」という分析を載せている。(8)

また、「速報『プルメリアの伝説』が18億円の大ヒット」と銘打った『週刊明星』の記事は、「公開直後から東宝宣伝部の電話は聖子のファンに占領されっぱなし。励ましの便りも連日20通は下らない」、「電話や手紙の主は、70％が若い女性だ」と、やはり若い女性からの反響の大きさを報告している。(9) 監督の河崎義祐は、当時の松田聖子が「ブリっ子」と呼ばれて、「同世代の若い女の子に反感を持たれていたこと」から、「そういう子たちに受け入れられるような映画になればいいと思ったね」と回想しているが、(10) その狙い通りのヒットになったのである。

男子中高生から若い女性へという、この観客の中心層の変化は、どのように理解すべきであろうか。まず当時の時代状況に目を向けるならば、次の二点を指摘できるように思う。この時期に若い女性の松田聖子ファンが増えてきたことと、映画の舞台が海外旅行先として若い女性に人気のハワイであったことである。

男子中高生のアイドルとして出発した松田聖子であるが、よく指摘されるのは、八枚目のシングル曲『赤いスイートピー』（一九八二年一月）の頃から若い女性ファンが増えてきたことである。[11] 女性が気の弱い男性を選んで寄りそうという歌の世界が、当時の若い女性の恋愛感情にぴったり合い、「同世代を中心とする女性ファンの心をガッチリとつかんだのである[12]」。

松田聖子の音楽活動を長年にわたって支え、この曲の作詞も手がけた松本隆は、「自由な女性像を描くことで、十代の男性に人気のアイドルを、女性たちが共感する歌い手に作り替えられる、という戦略だった」と、この曲の持つ意義を振り返っている。[13] また、自分たちの心情を代弁してくれるミュージシャンとして、若い女性の間に崇拝者の多かった松任谷由美が作曲したことも（呉田軽穂の名義）、女性ファン獲得に貢献したという指摘もある。[14]

実際に『赤いスイートピー』から彼女のファンになったという女性の証言としては、次のものがある。この曲を大学在学中に聞いたある女性は、歌の世界が恋愛に悩む女子大生たちの「気持にフィット」したことから、彼女たちの松田聖子の評価が好転し、「ブリッ子を卒業し、素敵な女性になりつつあると評価した」と述懐しており、この曲がきっかけでファンになったと述べている。[15] あるいは、松田聖子はこの曲の頃から「女性にも好かれる存在に変わった気がする」、「アイドルというより、同世代の代表者のように思えた」と回想する女性や、[16] 松田聖子が「自分の視野の中に鮮明に現れた瞬間」がこの曲であったと証言する女性もいる。[17] 現在でも『赤いスイートピー』を松田聖子の代表曲として挙げる人は多く、昭和歌謡を代表する名曲とされている。[18]

このように『赤いスイートピー』の頃から増えてきた若い女性ファンが『プルメリアの伝説』の主要な観客層にもなったと考えられるが、彼女たちに対する映画の魅力は、その舞台がハワイになったことでさらに高まったと思われる。ハワイが若い女性に人気のある海外旅行先だからである。

二 若い女性に人気のハワイ

日本人の海外渡航が外貨持ち出し制限付きで一九六四年に自由化されると、ハワイは直ぐに日本人お気に入りの海外旅行先になった。青い海と空、美しいビーチ、年中温暖な気候などが好まれたのはもちろんであるが、日系人が多く日本語が通じやすい点も人気の理由であった[19]。当初は、航空運賃などの高さから経済的に余裕のある人たちしか行けなかったが[20]、ジャンボジェット機就航による輸送力の拡大と一九六九年からのバルク運賃（三〇〜四〇席以上まとめての先払い購入）の国際航空路への順次導入によって、海外旅行のパッケージ・ツアー料金が下がり始めると、ハワイは庶民にも手の届く旅行先になり、一九八五年以降に進んだ円高はハワイ旅行の大衆化を一層進めることになった[21]。

日本人のハワイ訪問者数は、一九七〇年が一三万人、一九八〇年が六五万八千人、一九九〇年が一四四万人と二十年間で十一倍以上に増えている[22]。『プルメリアの伝説』は、日本人のハワイ旅行者数が順調に増えていた時代に企画・制作されたハワイ映画なのである。

日本人のハワイ観光の特徴は、若い女性の人気の高さである。海外渡航が自由化されて五年後には、「泳ぐ踊る青春のハワイ　女性だけの海外旅行は花ざかり」と題した記事が旅行雑誌に載り、女性週刊誌の主催者が「チャーター機に若い女性を溢れるほど積み込んで」、四泊六日のハワイ旅行に出発したと紹介されている。(23)

『ハワイの若大将』（一九六三年、福田純監督）ロケで初訪問した当時十九歳の星由里子は、その感激を「ハワイは、私にとって文字どおりの夢の島、小さいときからのあこがれの島でした」と記しているが、(24)多くの若い女性に共通するハワイへの想いであったろう。

ハワイの歴史・文化を研究する矢口祐人は、若い女性のハワイ人気について、次のように説明している。若い女性の海外旅行全般が、それを容認する社会的風潮が形成されてきたために、一九七〇年代から増え始めことを指摘した上で、特にハワイは旅行代金が比較的安く、ホテルやショッピング施設も整備され、女性だけでも歩き回れることから「安全で気軽な目的地」とされ、「このようなハワイは、独身の若い女性が簡単にひとりでも行ける気軽な目的地であり、一九七〇年代以降、俄然若い女性のお好みの渡航先となっていった」と指摘している。(25)

八〇年代に入っても、ハワイ人気は若い女性の間で高く、一九八一年に十八歳から三十三歳までの首都圏在住の女性百名を対象にしたアンケート調査では、五十六人が海外旅行経験者で、渡航先のトップは二十八名でハワイ、その中には複数回行った女性も含まれていた。(26)一九八五年公開の映画『二代目はクリスチャン』（井筒和幸監督）には、新婚の花嫁がハワイ旅行のパンフレット片手に、「みんなハワイに行ってるのに、私だけ行ってないんだもん、ハワイ」と夫にねだる場面があって、当時のハワイ人気の一端を示している。

『プルメリアの伝説』が、そのような若い女性のハワイ人気を反映した映画であったことは、映画のハワイ・ロケを伝える記事からもうかがえる。例えば、「『プルメリアの伝説』ハワイ・ロケ　松田聖子　ハワイッ娘に変身！」と題した『近代映画』の記事は、「輝く小麦色の肌！」、「肌を焦がす光のなかで聖子の青春が燃えさかる！」などの文句を散りばめて、彼女のビーチでの水着姿や満面の笑顔の写真、あるいは、映画撮影中のスナップでも、フラダンスなどのハワイらしい活動や共演の中井貴一と木陰に寄り添う写真などを中心に使って、観光旅行のような楽しさを感じさせる誌面構成にしている。

また、ハワイ到着から帰国までの十日間の間、松田聖子が毎朝何時に起きて、朝食に何を食べ、どこに行って何を撮影し、撮影終了後はどんな活動をしたかを具体的に記した報告は、実際のロケ地にワイキキやホノルル動物園、サンセット・ビーチなどの観光地が多かったこともあって、一種の旅行日記としても読める体裁になっている。[27]要するに仕事でのハワイ訪問であっても、松田聖子は若い女性観光客の一人のように表現されているのであり、『プルメリアの伝説』が若い女性のハワイ人気の時代に撮られた映画であることが、この点にも表れている。

このように『プルメリアの伝説』が制作された一九八〇年代前半の時代的な背景として、松田聖子が若い女性からの支持を獲得しつつあったことと、ハワイが若い女性に人気の海外旅行先であったことの二点を指摘した。これらの時代状況が、若い女性中心の映画のヒットに貢献したと考えられるのだが、松田聖子の主演三作目『夏服のイヴ』を監督した西村潔が述べたように、スターやアイドルの主演した映画の強みが、「自分の憧れのスターと共に、泣き、笑い、感動できるのが、ファンにとってたまらない魅力となる[28]」ことにあるのであれば、松田聖子の演技がたとえ拙かったとしても、彼女の演じたヒロイン像に若い女性たちの共感を呼ぶ要素があって、それも彼女たちの足を劇場に向けさせた要素のひとつだったと考えられる。その要素とは、どのようなものであったのだろうか。

三.『プルメリアの伝説』のお見合いと家制度

最初に『プルメリアの伝説』の粗筋から見ていきたい。松田聖子は名前が「早坂恵美子」、愛称が「エイミー」と英語風に呼ばれ、監督の河崎義祐によれば、「ヤンキー娘の茶目っ気と陽気さと、日本女性が持つ優しさとデリケートさ[29]」を併せ持った、ハワイ在住の日系二世の大学生を演じている。

エイミーはハワイでレストランを経営する両親から、ハワイの日系ホテル経営者の御曹司である「国吉明」（山下真司）との縁談を薦められる。明はスタンフォード大学を卒業、長身で体格が良く、常に自信に満ちあふれた青年であり、結婚相手としては申し分ない。

だがエイミーはこの縁談に乗り気ではなく、むしろ初の日本訪問で偶然知り合った「寺尾慎治」

「プルメリアの伝説　天国のキッス」でハワイ生まれの日系女性を演じた松田聖子。共演者は中井貴一。
「プルメリアの伝説　天国のキッス」©TOHO CO., LTD.

（中井貴一）に心が惹かれていく。慎治は小さな造船所で働きながら、ウインド・サーフィンの練習に励む好青年である。

エイミーは明と慎治の二人の男性の間で思い悩むのだが、サーフィン大会参加でハワイに来た慎治と再会すると、彼への愛を確かめ、二人は結ばれる。だがこの成り行きに怒った明は、洋上で練習中の慎治をボートで威嚇する行動に出る。

エイミーは単身ヨットで駆けつけ、海に転落した慎治を救い出そうとするが、不意に動いたマストに頭を強打されて重体になり、搬送された病院の部屋で、慎治の参加したレースのテレビ中継を見ながら息絶える。悲しい結末であるが、松田聖子の歌う主題歌『天国のキッス』（一九八三年四月）の軽快なテンポの曲が直ぐに流れ始め、幸福そうな二人の映像が回想のように上映されるので、最後の悲劇性は薄められている。

この粗筋からも分かるように、ヒロインの直面する問題はお見合いと恋愛の対立であるが、現在のわれわれに興味深く思えるのは、お見合いが彼女の行動と心理に及ぼす影響力の強さである。この点を明らかにするためには、明治期までさかのぼって、日本の結婚の慣習を見ておく必要がある。

戦前までは、親の決めた縁談は当事者に対して強制力を持っていた。明治民法によって法的に家族の家督権が保証された父親（家父長）が、家同士のつながりを重視して、子どもの結婚相手を決めることが多く、挙式当日に初めて結婚相手の顔を見たというような話も珍しくなかった。[30]このような時代状況を反映して、戦前には、愛し合う男女が身分差や両親の反対に直面して心中する映画もよく制作されていた。[31]

この家制度は戦後の民主改革で法律上は消えたものの、日本人の内面からは直ぐには消えず、長い間残ってきたことが指摘されている。社会学者の落合恵美子は、家制度は高度経済成長期の核家族世帯の増加によって崩壊してきたと一般的に思われているが、この時代は兄弟姉妹の数がまだ多く、長兄は地方に残って家を継ぐ一方、弟妹たちは都市に移動したので、社会全体としては「家制度と決別しないままの核家族化」が進行していたことを論じており、そのために七〇年代のウーマンリブ運動には「家制度への呪詛」が込められ、友達同士のような夫婦関係と言われた「団塊の世代」の「ニュー・ファミリー」形成にも「家からの解放」への志向があったことを指摘している。家制度がようやく衰退に向かうのは、少子化（兄弟姉妹数の減少）によって家の継承が事実上困難になる一九七五年以降であり、その「終焉」は九〇年代に入ってからだったと述べている。(32)

この家制度は、ある女性史家が「日本の場合、恋愛の成就の障害は、宗教であることは少なく、ほぼ一貫して「家」でした」と述べたことがあるように、(33) 時代を通して自由な恋愛の大きな障害であった。それが八〇・九〇年代にまで残存したことは、戦後生まれの映画批評家の寺脇研が、「若い男女が父母の許しを得ないと結婚できない暗黙の掟」のような「戦前から続く古い価値観」が一九八〇年代まで残っていて、「身分差」や「世間体」が結婚の障害になることも多く、「それが大方崩れるのは、戦後民主主義教育を受けた世代が結婚適齢期の親になる九〇年代まで待たねばならなかった」と証言していることからも分かる。(34) 家制度は二十世紀が終るまで、愛し合う男女の前に立ちはだかり続けていたのである。

このような社会現実を反映して、恋愛の障害としての家制度は日本映画の主要なテーマのひとつになっており、それはお見合いや縁談と関わる形で表現されてきた。例えば、家制度の強い影響力が残っていた一九五〇年代に制作された『結婚のすべて』（一九五八年、岡本喜八監督）では、お見合いと恋愛結婚の新旧二つの結婚観が対比させられている。兄と姉のお見合い結婚を愛のない生活と切り捨てる次女（雪村いづみ）は、「今時、家や子孫の繁栄のために結婚する人なんていないわ」と啖呵を切り、情熱的な恋愛結婚を夢見ているが、その恋愛に破れ、姉夫婦（上原謙と新珠三千代）の間にも静かな愛が育まれていることを知ると、あっさり自分の信念を捨てて、父親が用意してくれたお見合い相手と付き合い始める。最後に示唆されるのは、若者の自由恋愛信仰は「はしか」のようなものであり、親の薦めに従って結婚するのが大人であるという価値観である。

時代が下がって、一九七〇・八〇年代の恋愛映画になると、さすがに縁談からもかつてのような強制力は失せ、出会いのきっかけのひとつという性格も帯びてくるが、愛し合う若い男女には依然としてやっかいな恋路の障害物として出てくる。例えば、『北の宿から』（一九七六年、市村泰一監督）では、病院長の一人娘（中野良子）が、旅先で知り合った若い天文学者（田村正和）と恋におちるが、父親が病院経営の継続を考えて選んだ若い医者との結婚を押しつけてくる。二人は頑固な父親を粘り強く説得するが、その過程でお互いの心がすれ違ってしまう。また『青春かけおち篇』（一九八七年、松原信吾監督）では、レストラン・チェーンの社長の娘（大竹しのぶ）が、お見合い相手の青年社長（田中健）からの強烈な求婚から逃げるために、頼りない恋人（風間杜夫）を連れて、東京から京都に駆け落ちしている。

『プルメリアの伝説』でも、八〇年代まで残存していたこのお見合いの封建的な性格が、ヒロインの思考と行動を制約する要因として働いているのである。この映画のお見合いは戦前のような強制的なものではなく、当事者の意思も尊重した和やかな出会いの場として設けられているが、その裏には、エイミーを大ホテルの子息と結婚させることで、経営の苦しいレストランを救ってもらいたいという両親の思惑もあり、いわゆる店の〝暖簾〟を守りたいという家的な考え方も見え隠れしている（最終的に両親はエイミーの意思を尊重しているが）。

このように『プルメリアの伝説』は、不本意な縁談に悩まされる女性を主人公にした点では、七〇・八〇年代に制作された恋愛映画の一本という位置付けなのだが、注目したいのは、ヒロインがハワイの日系女性であることである。この設定によって、日系という人物像がお見合いを批評的に見ることを可能にしているからである。この批評の働きを検討するために、まず戦後のハワイ映画における日系女性の描写を確認し、次にそれらとの比較を通して、『プルメリアの伝説』のヒロイン像の特徴を明らかにしていきたい。

四．ハワイ映画の「アメリカ的な日系脇役」

これから考察していくのは、日本映画におけるハワイの日系女性の人物像であるが、その描写を理解する前提として、日系人が日本とアメリカ（ハワイ）の二つの文化を身に付けた存在である点を確認しておきたい。

ハワイには、一八六八（明治元）年の「元年者」と呼ばれる密出国に近い形での渡航から始まって、一八八五年から始まった日本政府とハワイ王朝間で進められた「官約移民」、王朝消滅後の「私約移民」と続き、一九二四年の排日移民法で移民が不可能になるまでに、約二二万人の日本人が主にサトウキビ畑やパイナップル畑の労働者として渡った[35]。

最初に移住した一世が英語をあまり解せず、日本式の習慣や伝統を守って生活していたのに対して、ハワイで生まれた二世・三世の日系人は、自宅では両親・祖父母と日本語で話し、日本の生活習慣の下で育つことが多く、日本語学校でも祖国の言葉を学ぶが、公立の学校ではアメリカ人の子どもとともに英語で学び、アメリカ人としての教育を受けるので、日米双方の言葉・習慣・文化を身につけるようになる（三世は二世よりもアメリカ人寄りに育つとされる）[36]。この日米の二重の資質の観点から、日系女性がどのように描かれているのかを考えると、その人物像の特徴が理解しやすくなるのである。

以下で取り上げるハワイ映画は、戦後から一九八〇年代までに制作されたハワイ映画の実数がさほど多くなく、また、映像ソフト入手の困難さもあって、五作品に留まっており[37]、体系的な調査とは言えないのだが、それらの映画からでも日系女性像の類型的な特徴が見出されるので、『プルメリアの伝説』のヒロイン像を考察するための比較材料を得るという目的には、とりあえず十分だと思われる。

それでは、それらのハワイ映画では、日系二世・三世の女性の登場人物がどのように描かれているのであろうか。この点に注意して見てみると、彼女たちの人物像が二つのタイプに分かれていることに気付く。実際の日系人が演じて脇役として登場するタイプと、日本人女優が演じて主役として登場するタイプである。最初に脇役の日系女性像に共通する特徴を挙げると、自然な英語を話し、日本語は流暢に話す場合と片言の場合があるものの、誰もがアメリカ人女性としての開放的で積極的な性格が強調されていることである。

このタイプの日系女性像を最初に確認できるハワイ映画が、花菱アチャコ・伴淳三郎・益田喜頓らの喜劇人が出演した『ハワイ珍道中』（一九五四年、斎藤寅次郎監督）である。歌手の江利チエミの公演開催のために一行がハワイを訪れ、財宝探しのために謎の離島に上陸、現地人と大騒動をくり広げる喜劇であるが、劇中にパイナップル工場の社長の娘という日系二世の女性が登場する。彼女は、サングラスに真っ赤なスカート姿でオープンカーを颯爽と乗り回すなど、当時の日本女性にはあまり見られない洗練された振る舞いを見せるほか、日本語を自然に話し、田端義夫演ずる歌手と束の間の恋愛を楽しんだりもする。

矢口祐人はこの日系女性の人物像について、「モダンな大邸宅」に住んでアメリカ式の快適な生活を送り、「イヤリング」と「きれいなスカーフ」を身にまとい、「恋愛にも自由な感覚」を持っていて、「どこか野暮ったいチエミと対照的で、洗練された美しい「西洋的」な香りのする女性」が、当時の日系女性人像と「共鳴する点が多々」あり、映画の「人気の一因」になったのではないかと指摘している。(38)

これと同じタイプの日系女性は一九六三年公開の『ハワイの若大将』にも出てくる。『大学の若大将』（一九六一年、杉江敏男監督）から始まった、加山雄三の若大将シリーズ四作目であるが、前年に日本で公開されたエルビス・プレスリー主演の『ブルー・ハワイ』（*Blue Hawaii*）

を意識して制作され、加山はプレスリーを彷彿させる楽曲も披露しており、「『ブルー・ハワイ』の日本版」[39]とも呼ばれる映画である（加山雄三はプレスリーの大ファンとしても知られる[40]）。

『ハワイの若大将』では、若大将がハワイ遊学中に行方をくらました悪友の「青大将」（田中邦衛）を連れ戻しに行くが、青大将の寄宿していた日系一世の家で、孫の三世の女性が出てくる。『若大将グラフィティ』では、彼女は「おしとやかな大和撫子と積極的なアメリカ女性の両面を持つハーフ」[41]と紹介されており、若大将に好意を持って、片言の日本語を使って親切にしたり、ダンスに誘ったりと積極的にアプローチし、ヒロインの星由里子はその様子を見て、機嫌を大いに損ねるのである（シリーズの定石通り、最後に若大将とヒロインはよりを戻す）。

なお、ハワイは『南太平洋の若大将』（一九六七年、古澤憲吾監督）でも舞台のひとつになるが、そこで若大将に接近する女性は日系ではなく、アメリカ人女性にも見劣りしない、日本人離れした肉体美を誇る前田美波里の演じた日本人女性である。[42]

主人公に積極的に迫るこのタイプの日系女性は、『夢のハワイで盆踊り』（一九六四年、鷹森立一監督）にも登場する。人気歌手の舟木一夫の演ずる青年が、ハワイ在住の移民一世の祖父（笠智衆）と、東京に駆け落ちした母親とを和解させるために、ホノルルで盆踊り大会を実現させるという内容の映画であるが、この祖父の孫として、日本語の達者な日系三世の女性が登場して、舟木を恋人にしようとする。ヒロイン（本間千代子）の目の前で舟木をダンスに誘ったり、「I love you.」をハワイ語で自分に向かって言わせたりするなど、周囲の目も気にせず主人公に果敢に迫っている。この彼女の積極性を、ヒロインの男友達は「強力で、派手にやるぜえ」と表現して、ヒロインの危機感をあおり立てている。

以上の日系女性像に共通しているのは、主人公の日本人男性を積極的に誘うアメリカ人女性としての性格や魅力が強調されていることである。このタイプの日系女性は本当の日系人が演じているのでリアリティがあり、脇役でも強い印象を与えている。アメリカ人女性の性格が強調されているので、言わば「アメリカ的な日系脇役」と呼べるタイプである。

五. ハワイ映画の「日本的な日系ヒロイン」

「アメリカ的な日系脇役」に対して、もうひとつの日系女性像が、日本人女優が主役を演じるタイプであり、例として『ハワイの夜』（一九五三年、松林宗惠・マキノ雅弘監督）と『夜明けの二人』（一九六八年、野村芳太郎監督）のヒロインが挙げられる。

『ハワイの夜』のヒロインを演じるのは岸惠子で、『君の名は』三部作（一九五三年〜五四年、大庭秀雄監督）で国民的人気を博する直前の出演である。太平洋戦争勃発前の一九四〇年のハワイが舞台で、岸惠子の演じる日系二世の女性が、国際水泳競技大会の参加でハワイを訪れた日本人水泳選手（鶴田浩二）と恋仲になる話である。当時の批評では「わざわざハワイまでロケーションした映画」と紹介されており、[43] 自由な海外渡航が禁止されていた時代の日本人には、ハワイがまだ遠い国であったことがうかがえる。

この映画の日系二世のヒロイン像には、次のような特徴がある。彼女は物語の早い段階で日系であることを示すと、その後は日本人女性のように振る舞い、普通の日本語を使って主人公との仲を深めていくのである。

まず岸惠子が日系であるという設定は、鶴田浩二と最初に出会う場面で示されている。鶴田浩二（と同僚の選手）がホノルルの街で雨に遭って急いでいるところへ、車で通りがかった彼女が窓から顔を出して、「Where are you going? Get in.」と英語で話しかける。直ぐに屋外カフェの場面に移り、岸惠子と同じテーブルの二人の日本人は、彼女が自分たちと同じ顔なのに、日本語が分からないのは不思議だとささやいていると、それを耳に入れた岸惠子が「あたし、少し分かります」、「ハワイ、いかがですか」と少したどたどしい日本語で話す。

この一連のやりとりを通して、岸惠子が日英両語を話す日系であることが示されると、次の主人公との出会いからは、彼女の日本語からはぎこちなさが消え、普通の日本人女性のように振る舞い始める。その後も、彼女が日系であることは、社交ダンスやフラダンスの場面、ハワイ神話の説明の場面などで示唆され、また、二人の国籍の違いが最終的な別れをもたらすものの、実質的には日本人男女のロマンスのように描かれている。

同様の日系ヒロインの描写は、明治元年のハワイ移民開始から百周年を祝って製作された「記念映画」(44)である『夜明けの二人』でも見られる。日系三世のヒロインを演じるのは、『天使の誘惑』（一九六八年）のヒットで第十回日本レコード大賞を受賞し、一躍売れっ子歌手になった黛ジュンである。(45) 彼女の相手となるのが、これも人気絶頂だった歌手の橋幸夫で、二大人気歌手の共演ということで、「ハワイ・南太平洋・日本を結ぶ情熱のメロディ！　豪華陣容で贈る恋と冒険の超大作！(46)」として売り込まれた。

封切時の批評では、「ハワイを背景にした劇映画で、島内各地の風景をこんなに豊富に見せてくれたものは、今までになかったのではないか」と、その自然美は好評だったが、「物語の方は、特にどうということもないラブ・ロマンスである」、「ハワイの美景と、橋、黛の歌手としての人気だけが売りものの作品」であると、作品全体の評価は高くなかった。(47)

こうして黛ジュンは歌手としての人気を頼んで出演したわけだが、ここでの関心事は彼女が名演技を見せたかどうかではなく、日系女性としてどのように描かれていたかである。その観点から言えば、彼女のヒロイン像には、先述の岸惠子のものと類似の特徴を指摘できる。

黛ジュンは橋幸夫の演ずる日本人の新進写真家と初めて東京で出会った際、彼からの問いかけに、「Yes.」や「Oh, good.」などの簡単な英語で答え、踊りに行くかいという誘いには、「あたし、Youの行きたいところ、どこにでも行きます」と、英語混じりの日本語で応答する。これらの会話で黛ジュンがハワイの日系人であることが示され、その直後の二人の歌唱シーンが終わると、以後の彼女の日本語からはたどたどしさが消え、普通の日本人女性のようになる。他の日系の登場人物がハワイ独特の日英混合語を使い続けるのに対して（例えば、「空の旅は、maybe快適だったでしょう。Good、goodですね」という日系の記者の言葉）、黛ジュンの言葉と振る舞いは最後まで日本人女性のものになる。

以上の二作品のヒロイン像の特徴をまとめると、次のようになる。ヒロインが日系であるという設定は、日本人の男性主人公に対して、それが当然であるように英語で対応する態度によって、話の早い段階で示され、その後は、日系であることが忘れられない程度に、英会話の場面や日系の立場からの発言（ハワイ人としての意見や日本を外国として見る態度など）が時々挿入されるものの、ほとんどの会話は自然な日本語によってなされ、振る舞いも日本人女性と変わらなくなる。日系人ではあるものの、日本人女性のように描かれているので、言わば「日本的な日系ヒロイン」と呼べるタイプである。

ここまでに「アメリカ的な日系脇役」と「日本的な日系ヒロイン」という二つのタイプの日系女性像を検討してきたが、それらをフィクションにおける人物像のタイプから考えると、前者がステレオタイプの人物像、後者が、映画研究家ジム・クックの言う「小説的な登場人物（the novelistic character）」に該当する。

ジム・クックはステレオタイプの人物は、「すぐに認識できる、単純な少数の特徴」によって造形され、物語を通して変化も成長もしないと論じているが、アメリカ人女性としての積極性を強調され、男性主人公に迫るだけの役割を与えられた「アメリカ的な日系脇役」は、このステレオタイプの人物像とみなせる。他方、それとは対照的な「小説的な登場人物」は、「物語の展開を通して徐々に表れてくる多様な特徴によって明確に描かれ」、また、物語は「その人物の成長と発展」と「独自の個性」に依拠して展開していくと論じられており、男性主人公と出会って恋に落ち、いくつかの葛藤を経て最後に別れることで、人間的な成長を経験する「日本的な日系ヒロイン」の二人は、この「小説的な登場人物」に該当する。(48) 人物像のタイプから見ることで、二つのタイプの日系女性像の性格と対照性がより明確に把握できる。

六．お見合いを批評的に見る日系ヒロイン

これまでの議論を踏まえて、『プルメリアの伝説』のヒロイン・エイミーが日系であることを拠り所として、どのようにお見合いを批評しているのかを、従来のハワイ映画の日系女性像との比較を通して検討していきたい。

エイミーは前述の二タイプでは、『ハワイの夜』と『夜明けの二人』のヒロインと同じ「日本的な日系ヒロイン」に属する。彼女は大学のカフェでアメリカ人の友人三人と英語でおしゃべりをして、日系という設定を早い段階で示すと、その後は簡単な英会話を時々見せるものの、普通の日本人女性のように振る舞って、慎治との愛を一途に追求しているからである。

なお、『プルメリアの伝説』と『夜明けの二人』を並べてみると、両作品の間には、ヒロインのタイプ以外にも、ヒロインが人気女性歌手によって演じられ、どちらもハワイの女神に擬せら

れているという興味深い共通点もある（黛ジュンは嫉妬深く短気で知られる女神ペレ、松田聖子は架空の「プルメリアという若く美しい女神」）。『プルメリアの伝説』の仮題が『夜明けのプルメリア』[49]だったことも考慮するならば、この映画の企画・制作で『夜明けの二人』が参照された可能性もある。松田聖子自身が『夜明けの二人』という映画について、どの程度知っていたかは不明であるが、幼稚園時代に『天使の誘惑』を好んで口ずさんでいた彼女にとって、黛ジュンがなじみ深い歌手だったことは確かである[50]。

『プルメリアの伝説』のヒロイン像の考察に戻れば、その描写で注目したいのが、エイミーが従来の日系女性像にはない新たな要素を持っている点である。それがアメリカ（ハワイ）人としての視点である。この視点の働きによって、エイミーが日本の伝統的なお見合いを、その当事者でありながら、同時に外部から見ることが可能になっているのである。

この複合的な視点の働きが最初に見られるのは、先の大学カフェの場面である。エイミーはアメリカ人の友人から「お見合いとは何？」と聞かれ、レスリングか何かの試合のように「六〇分、三本勝負よ！」と答えている。友人がアメリカ人であることを意識した軽妙な受け答えであるが、彼女が自分の参加するお見合いを、外国人のように諧謔的に見ていることが伝わってくる場面である。

次にアメリカ人としての視点の働きが確認できるのは、当のお見合いの場面である。双方の両親も出席した明とのお見合いで、日本舞踏が得意と聞いた彼の両親が踊りを所望すると、エイミーは「藤娘」を踊り始めるが、音楽が突然ハワイアンに変わると着物姿でフラダンスを踊り始め、裾をからげて白の草履を足で投げ飛ばすお転婆ぶりを見せる。この騒動からは、着物がフラダンスにはいかにも窮屈な衣服であることが伝わってくるが、その窮屈さの表現はお見合いという制度にも同時に向けられていると言える（松田聖子の一九八七年発表の楽曲『Kimono Beat』のテーマも、義理だけのお見合いからの逃亡である）。

この喜劇的な場面は、河崎監督が「あの子は漫才がうまいんですね」と評価する松田聖子の「三枚目的な利発な部分」をうまく活かした演出である。(51) 映画評論家の宇田川幸洋も同様の点を指摘したことがある。彼は一九八三年のテレビのある深夜番組の中で松田聖子が自分自身にインタビューする一人二役のトリック映像を見て、ファンの「愛情」を計った上で、「いとも楽しげに、やすやすと」自分を対象化する松田聖子が「天性の喜劇的才能」を持っていると評している。(52) 自分を戯画化できるこの才能のおかげで、松田聖子はお見合いに参加しつつ、その外側から、自分自身も対象に含めて茶化すという演技を無難に演じることができたと言える。

この喜劇的才能はお見合い場面のほかにも、エイミーが呉服店で婚礼用の着物を選ぶ場面で、手に取った衣服を着た自分を想像して、「水もしたたる芸者」や「粋な女つぼ振り」(53) に早変わりする演技でも発揮されている。アイドル歌手の活動からは見えにくい女優としての一面である。

エイミーのアメリカ人的な視点はその後、マネキンに形象化されて彼女に話しかけてくる。日本人の海外旅行が盛んになり、ファッションの国際化も進んだ八〇年代は、マネキンも国際化して、外見の派手な海外の輸入マネキンが日本の都心のディスプレイを飾るようになった時代である。[54]エイミーはお見合い相手の明の素晴らしさを認めつつも、周囲が一方的に進めていくこの縁談に疑問を持ち、「本物の愛は、どうして確かめられるの?」などと自問しながら銀座を歩いていると、ショー・ウインドウのマネキンが、「二人だけを選んで、後は全部捨て切れるのが本当の愛」、「愛とは決して後悔しないこと」などと助言してくれるのである。

そして、その足で向かった浅草の浅草寺でも、お賽銭を投げ入れて「神様、これが本当の愛なんですか?」と拝んでみるものの、観音様は無言のままである。彼女の心が感応するのは、日本の伝統よりも西洋の流行の事物なのである。このマネキンとのやりとりが、彼女が最終的に慎治との恋愛を選ぶ心理を理解する伏線になっている。

お見合いをアメリカ人として見るエイミーのこの視点の働きは、彼女の前に現れた二人の男性には見られないものである。明はハワイのホテル王の子息なので日系人ではあるが、中身は完全にアメリカ人化された青年として描写されている。彼は、七〇年代に人気の高かった二枚目俳優のアラン・ドロンとロバート・レッドフォードの二人を、足して二で割ったようなハンサムとして語られているほか、[55]中岡京平(脚本の共同執筆者)による映画の小説化版では、「白人社会の中でも退けをとらないほどの容姿と体格」と「ギラギラと照りつける太陽のような輝き」の持ち主で、「その強烈な個性には、年ごろの娘をひきつけて離さないだけの魅力があった」と、白人男性的な資質がより強調されている。[56]

この明という人物が実際に白人男性のように見えるかどうかは別として、演出意図としては、そのように造形されているのだが、彼のアメリカ的な資質は、自分が当事者であるお見合いを批評的に見る視点としては働いていないのである。

また、エイミーが好きになる慎治は、河崎監督によれば、「少し時代遅れの日本男児のイメージ」の持ち主で[57]、特にアメリカ的なものに結びつけられた要素もなく、スポーツマンで芯の強さはあるものの、寡黙で人当たりの良い日本人青年として描かれており、彼も日本の伝統を外から見る視点を持ちあわせてはいない。

このようにエイミーは日系女性として持っているアメリカ人の視点を、お見合いを批評的に見るために使っているが、これは、従来の二タイプの日系女性像には見られない要素である。「アメリカ的な日系脇役」のタイプでは、アメリカ人女性としての側面は、日本人男性に対して積極的な性格の根拠になり、「日本的な日系ヒロイン」のタイプでも、ヒロインは実質的に日本人女性なので、日本を外から見る視点の働きはやはり見られない。

『プルメリアの伝説』のヒロインは、それまでの日系女性像と大きく異なるわけではないものの、日系という設定を、アメリカ人の視点から日本の伝統的なお見合いを批評するために使ったという点で、ハワイ映画の系譜では、新しい要素を持った日系ヒロインだったと言える。「日本的な日系ヒロイン」から生まれた、言わば「批評的な日系ヒロイン」である。

若い女性を中心にした『プルメリアの伝説』のヒットには、このような日系ヒロイン像も寄与していたと思われる。先述したように家制度が残存していた八〇年代には、自由な結婚がはばかられる空気も残っていて、松田聖子と同世代のある女性がお見合いを打診されて、「私はお見合い結婚なんかいやです」、「恋愛結婚がしたい」と主張したような時代だったのである。(58) このような時代に、親の意向に配慮しながらも、最後は自分の心情に従ったエイミーは、若い女性の共感を呼びやすいヒロインだったと言える。

註

（1）相澤秀禎『松田聖子のバランスシート―女として、社員として』光文社、一九八三年、一九二頁。
（2）北川れい子「プルメリアの伝説」『キネマ旬報』一九八三年八月上旬号、一五八頁。
（3）高橋聰「東宝映画の行方―大作の大ヒットより小品のクリーンヒットを」『日本映画1984　1983年公開映画全集』芳賀書店、一九八四年、一一三頁。
（4）『日本映画1984』一九八、二〇〇頁。
（5）「中高生のアイドル・彗星！　松田聖子全データ」『週刊読売』一九八〇年一〇月一九日号、一六八－一六九頁。この記事では、松田聖子の日本武道館での初コンサートの会場が、「はち巻き姿の親衛隊をはじめ、リーゼントカット、ニキビづらの、中、高校生の熱烈なファンで超満員」だったと報道されている。
（6）「親衛隊から共演者まで―男の子の証言による松田聖子徹底研究」『セブンティーン』一九八一年、一四（七）（六五七）、三七頁。
（7）『キネマ旬報』一九八一年八月下旬号、一七四－一七五頁。立川健二郎は『野菊の墓』公開時、松田聖子と山口百恵を比較して、映画の興行価値はタレントの人気度に左右されるとして、「山口百恵が男性、女性に人気があったオールマイティとすれば、松田聖子の場合は女性に人気が無い」ので、女優としての彼女に

は あまり期待できないという主旨の文章を書いている。

(8)「巻頭特集　ザ・アイドル」『キネマ旬報』一九八三年八月下旬号、四一頁。

(9)「速報　『プルメリアの伝説』が18億円の大ヒット」『週刊明星』一九八三年、二六(三四)(一一八五)、四八頁。

(10)石田伸也『1980年の松田聖子』徳間書店、二〇二〇年、一一八頁。

(11)『語れ！　80年代アイドル』KKベストセラーズ、二〇一四年、一二頁。中川右介『松田聖子と中森明菜――一九八〇年代の革命　増補版』朝日文庫、二〇一四年、一六四－一七四頁。

(12)ファンティックラブ監修『地球音楽ライブラリー　松田聖子　増補改訂版』ＴＯＫＹＯ　ＦＭ出版、二〇〇七年、一〇頁。

(13)「もういちど流行歌　「赤いスイートピー」気弱な男、選ぶのは女性」『朝日新聞』二〇一六年四月九日。

(14)『松田聖子と中森明菜』、一七四頁。

(15)橋本麻紀『女はみんな松田聖子が好き』千早書房、一九九四年、三四－三八頁。

(16)「もういちど流行歌　「赤いスイートピー」気弱な男、選ぶのは女性」

(17)「音楽批評　Ｎｏ．０１２　赤いスイートピー　―　松本隆　(歌・松田聖子)」https://gold-fish-press.com/archives/17033 (最終アクセス日　二〇二〇年九月一八日)

(18)本書執筆中に自宅に届いた『JAF Mate』二〇二〇年七月号には、同年春に実施された「ドライブでよく聞く昭和アイドル」読者アンケートの結果が出ていて、歌手別では第一位が松田聖子、第二位が中森明菜、第三位が山口百恵、「楽曲ランキング」では、第一位が山口百恵の『いい日旅立ち』(一九七八年)、第二位が松田聖子の『赤いスイートピー』、第三位が太田裕美の『木綿のハンカチーフ』(一九七五年)であった(『JAF Mate』二〇二〇年七月号、ＪＡＦメディアワークス、二〇－二四頁)。

(19)“Japanese Tourists Swarm Into Hawaii,” *The New York Times*, May 9, 1973. 日本人のハワイ訪問者数が伸び始めていた一九七三年に(この年の日本人訪問者数は三三万三千人)、ハワイの担当者は、「調査して分かったのは、日本人がハワイに来るのは、快適な気候、きれいな空気、開放的な街路、素晴らしいビーチを好むからで、さらに、日本語を話す人たちが大勢いるからです」と発言し、日系人の存在の重要性を指摘している。

(20) 矢口祐人『憧れのハワイ―日本人のハワイ観』中央公論新社、二〇一一年、一五〇頁。

(21) 澤渡貞男『海外パッケージ旅行発展史―観光学再入門』彩流社、二〇〇九年、一一―一二、四四―四五頁。

(22) 山口誠『ニッポンの海外旅行―若者と観光メディアの50年史』ちくま新書、二〇一〇年、一四九―一五〇頁。

(23) 折戸晴雄『観光ビジネスの戦略―ハワイ旅行を企画する』玉川大学出版部、二〇〇七年、六四頁。

(24) 『旅』一九六九年三月号、日本交通公社。

(25) 星由里子「ロケで感激したワイキキ」『旅』一九六三年、三七(七)、七六―七七頁。

(26) 『憧れのハワイ』、一七九―一八一頁。

(27) 月刊『アクロス』編集室編・著『アクロスSS選書　イエローブックシリーズNo.2　現代女性ニュートレンドリポート』パルコ出版、一九八三年、一八七―一八九頁。

(28) 「ハワイッ娘に変身　松田聖子」『近代映画』一九八三年、三九(九)(五五六)、二〇―二六頁。

(29) 『夏服のイヴ』劇場販売パンフレット参照。

(30) 八森稔「ラブ・ストーリーにキス・シーンがないなんて不自然よ！」『キネマ旬報』一九八三年四月下旬号、九七頁。

(31) 色川大吉『昭和史　世相篇』小学館ライブラリー、一九九四年、一五一―一五二、二〇一―二〇二頁。

(32) 斎藤美奈子『冠婚葬祭のひみつ』岩波新書、二〇〇六年、二〇―二一頁。ジェーン・コンドン『半歩さがって―奇跡の国ニッポン　'80年代日本の女性たち』石井清子訳、主婦の友社、一九八六年、二八―三四、四六―四七、二五九頁。

(31) 佐藤忠男『増補版　日本映画史3』岩波書店、二〇〇六年、一六六―一六八頁。

(32) 落合恵美子『21世紀家族へ―家族の戦後体制の見かた・超えかた　第4版』有斐閣選書、二〇一九年、七九―八一、八六、一三一、一四三、一八八―一九九、二四九―二五三、二六〇頁。

(33) 鹿野政直・堀場清子『祖母・母・娘の時代』岩波ジュニア新書、一九八五年、一九〇頁。
(34) 寺脇研『昭和アイドル映画の時代』光文社知恵の森文庫、二〇二〇年、一二〇頁。
(35) 山中速人『ハワイ』岩波新書、一九九三年、五四－五六頁。
(36) 高木眞理子『日系アメリカ人の日本観—多文化社会ハワイから』淡交社、一九九二年、二一二四、五三、七四－七五、一一五、一二〇－一二二頁。
(37) 本論では言及していないが、参照した他のハワイ映画に、『社長外遊記』と『続・社長外遊記』（共に一九六三年、松林宗恵監督）、『クレージー黄金作戦』（一九六七年、坪島孝監督）がある。なお、「ハワイ」をタイトルに冠した戦後最初の映画としては、美空ひばりが孤児の花売り娘の役で出ている『憧れのハワイ航路』（一九五〇年、斎藤寅次郎監督）が知られているが、この白黒映画はハワイ生まれの日系男性（岡晴夫）が日本で勉学中、太平洋戦争で戻れなくなり、戦後も東京に足止めされたまま、父親の残ったハワイに想いを馳せるという内容で、ハワイの光景は回想シーンや絵葉書の中に出てくるのみである。また『山河あり』（一九六二年、松山善三監督）、『ワニと鸚鵡とおっとせい』（一九七七年、山根成之監督）、『いとしのラハイナ』（一九八三年、栗山富夫監督）、『ハワイアン・ドリーム』（一九八七年、川島透監督）などのハワイ映画もあるが、いずれも未見。
(38) 『憧れのハワイ』、一一七－一一八頁。
(39) 『憧れのハワイ』、一三二頁。
(40) 加山雄三は「音楽面で影響を受けた」ミュージシャンの一人にプレスリーを挙げており、慶応大学時代に組んだバンドでも、彼の曲をレパートリーのひとつにしていたほか、三五〇万枚も売れたヒット曲『君といつまでも』（一九六五年）の間奏中の「しあわせだな…」の語りも「エルビスのまね」だったと語っている。一九七二年にはラスベガスのホテルでプレスリーと念願の面会も果たしている（加山雄三『若大将の履歴書』日本経済新聞出版社、二〇一〇年、五九－六一、九三、九八、一一六－一一八頁）。
(41) 『若大将グラフィティ』角川書店、一九九五年、五九頁。

(42) 評論家の三浦展は前田美波里を、「古風で清楚で大人しい女性像」ではなく、「積極的で解放された女性のイメージ」を打ち出した、「アメリカ的」な日本人女性であると評している(三浦展『団塊世代の戦後史』文春文庫、二〇〇七年、七七－七八頁。)
(43) 『キネマ旬報』一九五三年二月下旬号、六一頁。
(44) 『毎日新聞』一九六八年四月一日。『キネマ旬報』一九六八年五月下旬号グラビア。
(45) キネマ旬報社編『日本映画人名事典　女優編下巻』キネマ旬報社、一九九五年、五九二頁。
(46) 『キネマ旬報』一九六八年四月上旬号掲載の映画広告。
(47) 『キネマ旬報』一九六八年六月上旬号、六七頁。
(48) Jim Cook, "The Role of Stereotypes," in ed. Richard Dyer, *The Matter of Images: Essays on Representations* (London and New York: Routledge, 2002), 13.
(49) 『近代映画』一九八三年、三九(七)(五五四)、一〇〇頁。
(50) 「大事典　松田聖子」『平凡』一九八一年、三七(三)、一二一頁。
(51) 「ザ・アイドル　特集6　河崎義祐監督インタビュー」『キネマ旬報』一九八三年八月下旬号、三七頁。
(52) 宇田川幸洋「ザ・アイドル　特集5　現代のアイドル・3　松田聖子」『キネマ旬報』一九八三年八月下旬号、三三頁。
(53) 「河崎義祐監督　中岡京平原案　東宝映画＋サンミュージック制作　プルメリアの伝説　天国のキッス」『シナリオ―映画芸術の原点　Scenarioの月刊誌』一九八三年八月号、日本シナリオ作家教会、二一頁。
(54) 矢田誠『マネキン―美しい人体の物語』晶文社、二〇〇二年、七四－七五頁。
(55) 映画の小説化版では、明は「ポール・ニューマンみたいに知的で、『スターウォーズ』のハン・ソロみたいにスポーツマンで!」と表現されている(中岡京平『プルメリアの伝説　天国のキッス』集英社文庫、一九八三年、二九－三〇頁)。
(56) 『プルメリアの伝説』、二七、一〇一、一〇二頁。

（57）『1980年の松田聖子』、一一七頁。
（58）『半歩さがって』、二七〇頁。

第三章　テーマパーク体験化される恋愛

東京ディズニーランド（一九八三年開園）から考える映画『夏服のイヴ』（一九八四年）

松田聖子の主演三作目は『夏服のイヴ』（一九八四年、西村潔監督）である。『プルメリアの伝説』の路線を継承した恋愛映画で、東京とニュージーランドを舞台に、松田聖子の演じるヒロインが二人の男性からプロポーズされて思い悩むというラブロマンスであるが、この映画の考察で着目したいのが、ニュージーランドでの旅行場面である。

その旅行には三人の大人と三人の子どもが参加して、観光用の乗り物に次々と乗るのだが、その様子が遊園地のアトラクション体験を思わせる描写になっているのである。ここで思い起こされるのが、映画公開前年の一九八三年四月に日本最初のテーマパークとして、東京ディズニーランド（以下、ＴＤＬ）が開業していることである。(1)

ＴＤＬは開園一年で一千万人以上を集客する成功を収め、(2)「テーマパークブーム」(3)の引き金となり（一九九〇年代前半までに全国各地に作られたテーマパークは二十以上）(4)、また、常に笑顔をふりまき礼儀正しく振る舞う従業員の接客態度は、アメリカ式顧客サービスの日本のサービス産業への導入を促し(5)、高品質の園内施設のデザインは「町の商業施設・飲食施設」の「デザイン・レベル」の向上をもたらすなど(6)、その開園は「八〇年代の日本における最大の文化的事件(7)」とも呼ばれるほど、社会・文化の多方面に影響を与えた。

そこで本章では、ＴＤＬ開園翌年の封切という時期的な近接性に着目して、映画の旅行場面を、ＴＤＬの成功によって多くの人に共有されるようになったテーマパーク体験の表象として捉えて、その構造に依拠して読み解き、その議論を踏まえて、ヒロインの恋愛が旅行を通してテーマパーク体験化されていることを示してみたい。ディズニーとは無関係のこの日本映画（制作は前作に引き続き東宝）を、ＴＤＬ開園の影響を受けた興味深い事例として考察する試みである。

一．映画の作品構造

『夏服のイヴ』は公開時、「ふたりの男性から同時に求婚された女。ゆれ動く女心の不可思議さを―微妙に描いた衝撃のラブストーリー。(8)」という宣伝文で売り込まれたように、ヒロインが二人の男性の間で思い悩む恋愛映画であり、次のような粗筋である。

ヒロインの「藤枝牧子」（松田聖子）は、高知県の短大卒業後、幼稚園の先生になる夢を見て上京したが、思うように就職できず、スーパーのレジ係のアルバイトをしているときに、フリー

「夏服のイヴ」に出演した松田聖子と恋人役を演じた羽賀研二。
二人のロマンスは東京とニュージーランドで二度花咲く。
「夏服のイヴ」©TOHO CO., LTD.

ライターで収入を得ている大学留年中の「西丸秀和」（羽賀研二）と出会って恋人になる。秀和は直情径行の元気な青年である。

牧子はまた、妻を最近亡くして三人の子ども（小学五年生の長男、三年生の長女、幼稚園児の次女）を抱えた貿易事業家の「宗方征一郎」（近藤正臣）の家に住み込みの家庭教師として働き始めるのだが、宗方は不振に陥っていた日本での事業に見切りをつけて、子どもたちを連れてニュージーランドに移住してしまう。牧子は、強引に結婚話を進めようとした秀和とケンカ別れした反動もあって、宗方家を追ってニュージーランドに渡り、再びこの家の家庭教師になる。

ニュージーランドがイースター休暇に入

ると、牧子と宗方一家（父親と子ども三人）はニュージーランドの南島を三泊四日で一周する旅行に出発する。初日の夜、牧子は宗方からプロポーズされ、最終日に返事をして欲しいと言われるが、秀和も牧子を取り戻そうとニュージーランドに突然現れて、旅行に強引に割り込んでくる。三人の間の緊張が高まり、旅行を続けながらの話し合いが続く。旅の最終日、一度は宗方のプロポーズを受け入れようとしていた牧子は、土壇場で秀和との恋を選び、宗方も大人の態度を見せて潔く身を引く。

この後半のニュージーランドでの旅行場面を、TDLに象徴されるようなテーマパーク体験の構造の観点から考察していくのであるが、その前に、旅行場面の作品構造上の位置付けを検討しておきたい。旅行場面がテーマパーク体験として表象されることで獲得する、物語上の役割を考察するための準備作業である。

一見ありふれた恋愛劇に思える『夏服のイヴ』であるが、牧子と秀和の恋愛が二度描かれている点に注目してみたい。すなわち、日本が舞台の前半で、牧子と秀和は東京で出会って恋人になるものの、秀和の強引な性格が祟って二人は別れてしまうが、後半のニュージーランドで二人は再度出会い、宗方との三角関係を経た後で再び結ばれているからである。

別れたカップルが最後によりを戻すという展開の映画は珍しくないであろうが、『夏服のイヴ』における前後半の恋愛の成立過程には、ある共通のパターンが認められる。それは、牧子が家族から離れることで秀和と結ばれるというパターンである。前半では、牧子は義父との折り合いが悪い実家から離れて上京することで秀和と結ばれているが、実は後半の恋愛も、次のように解釈することで、このパターンに従っていると考えられる。

粗筋で見たように、牧子は東京の時から宗方家に住み込みの家庭教師として働き、料理も手伝っていたので、三人の子どもたちにとってすでに母親のような存在であり、旅行初日の宗方からのプロポーズも、返事は旅行最終日まで保留されるものの、内心では受け入れるつもりでいる。すなわち、牧子と宗方家の四人は法律上も血縁上も家族ではないものの、牧子（と同時に、宗方家の四人）にとっては、家族のように意識されている。

社会学者の上野千鶴子は一九九〇年代初頭に、「変動」する家族の在り方を捉えるには、家族の「形態の面」だけからではなく、当事者がどの人々までを家族に含めるかという「意識の面」からの考察も必要であり、血縁がなくても家族を構成できることを論じているが[9]、この議論に従えば、自分を含めた宗方一家を家族のように考える牧子には、それはすでにひとつの「家族」として存在している。ある芸能誌の『夏服のイヴ』紹介記事が、牧子と宗方一家が輪になって楽しそうにソフトクリームを食べている写真を載せて、「人々には本当の家族のように見えたに違いない」というキャプションを何気なく付しているが[10]、実はこのグループの性格を端的に言い表しているのである。

このように牧子と宗方一家をひとつの「家族」と捉えるならば、後半でも牧子はやはり「家族」から離れることで秀和と（再度）結ばれていると見ることができる。離脱する家族に血縁でない関係が含まれているという点も、高知の実家と共通している。このパターンに依拠するならば、牧子と秀和の二度の恋愛は、前半の日本での恋愛が後半のニュージーランドで繰り返されるという作品構造として理解できる。

留意したいのは、前半と後半の恋愛の間に大きな相違が二点あることである。前半の恋愛では、牧子が秀和と単純に出会っているだけだが、後半では、牧子の前には宗方と秀和の二人の男性が現れて、最終的に秀和を選んでいることと、この選択の過程が旅行を通して行われていることである。これら二つの相違点を順に検討していきたい。

二．秀和と宗方という対照的な組み合わせ

秀和と宗方の人物像を牧子に対する恋敵の関係から見るならば、二人の境遇の違いの大きさが注意を引く。秀和は留年中の大学生、宗像は妻を最近亡くした三人の子持ちの寡夫であり、恋のライバル関係としては、比較可能な共通要素がほとんど見いだせないような対照的な組み合わせである。

このように境遇の大きく違う二人の人物設定は、それぞれの世代の特徴に依拠して造形されていると思われる。このことは、後述のようにニュージーランドで乗る蒸気機関車の車内で起こる、秀和と宗方の口論の中で世代の違いが持ち出されていることで示されているが、それぞれの

人物像にも読み取ることができる。

まず秀和は、これは世代というよりも生き方のスタイルなのだが、いわゆるフリーターの初期世代に該当している。彼は裕福な実家を飛び出して上京後、大学を留年してキャッチコピーなどを考えて生活しており、「俺はいつも自分をフリーにしていて、可能性を追求したいね」、「生活の向上を目指すよりも、人生を楽しむ時代なんだ」と言って、普通の会社勤務を「企業の奴隷、歯車」になることだと嫌がっているが、これは典型的なフリーターの考え方・生き方である。(11)秀和を演じた羽賀研二が後に、「フリーター」という言葉の一般化に貢献した映画『フリーター』（一九八七年、横山博人監督）に出演しているのも象徴的である。(12)

なお、秀和のような一九八〇年代のフリーターは好況のおかげで、自分の夢を追い続ける若者という肯定的な意味を持っていたが、バブル経済が崩壊して就職氷河期が始まる一九九〇年代半ば以降、やむを得ずフリーターになる若者が増えると、就職できない若者という否定的な意味に変容していったことが指摘されている。(13)

フリーターの先駆けである秀和に対して、宗方の人物像を探ると、戦後のベビーブーマーである団塊の世代（一九四七年〜四九年生まれ）の人物として設定されていることが分かる（演じている近藤正臣は一九四二年生まれ）。旅行中、宗方と秀和がホテルで殴りあう場面が出てくるが、宗方が中年の外見からは意外な喧嘩強さを見せ、秀和は数回のパンチで打ちのめされてしまう。映画では牧子が「やめてよ！」と止めに入るだけだが、脚本上の彼女のセリフは、「やめてよ。

宗方さんは学生運動の闘士だったのよ。あなたとは土台が違うわ[14]」になっていて、彼の喧嘩強さが、団塊の世代が主力となり、ゲバ棒・ヘルメット姿で機動隊と渡りあった学生運動のおかげになっているのだ。

映画の小説化版では、宗方の過去がさらに説明されていて、「全共闘運動」に参加し、機動隊が東大の安田講堂を占拠した学生たちを強制排除した、一九六九年の「東大安田講堂事件」でも、「バリケードにこもっていて逮捕」された武勇伝の持ち主であることが分かる[15]。彼は若さと情熱を政治的理想の実現に賭けた世代の一人なのである（この点に関して付記すれば、全共闘の元活動家が眠っていた闘志を呼び覚まして、香港マフィアの隠れ家に乗りこむ『われに撃つ用意あり』［一九九〇年、若松孝二監督］という全共闘賛歌の映画もある）。

このようにフリーターと団塊の世代とでは、生まれ育った時代や環境が異なるので、両者の間に多くの相違点が生まれてくるのも当然であるが、なかでも労働観は両者の相違が強く出てくる領域のひとつだと思われる。

先述のようにフリーターが会社への所属を嫌い、夢と自由を重視するのに対して、団塊の世代は、後の世代の批評家が「団塊世代は大学を出るや、あっさりと宗旨替えをして、滅私奉公する企業戦士となっていった」と皮肉を込めて言うように[16]、終身雇用・年功序列が有効だった時代に正社員として就職し、管理職にはまだ遠かったが、郊外の一軒家を夢見て、若手サラリーマンとして日夜仕事に励んで日本の経済成長を底辺で支えてきた[17]。この仕事一筋だった世代には、定職に就かずに夢を追い続けるフリーターの生き方は怠け者としか見えなかったのである。この二つの集団の対立は、団塊の世代の子どもである「団塊ジュニア」（一九七三〜七五年生まれ）が大学卒業時に就職氷河期にぶつかってやむなくフリーターになると、親子間の対立の位相も含みこむことになる。(18)

牧子が結婚相手として、どちらかを選ばなければならない秀和と宗方は、このように世代的な特徴に基づいて造形されることで、境遇や価値観が大きく違う二人の人物として彼女の前に現れている。宗方は貿易事業を起こしたり、ニュージーランドに移住したりと、典型的な団塊の世代の生き方である「企業戦士」からは外れているかもしれないが、それでも秀和との生き方の差は歴然としている。この対照的な二人の男性の組み合わせは後に、テーマパーク体験の表象としての旅行場面と関係付けて再び取り上げたい。

三．仲良し家族のテーマ

次に、旅行場面をテーマパーク体験の構造に依拠して読み解いていきたい。ここで言うテーマパーク体験の構造とは、テーマパークを訪れた来園者が設定されたテーマを、アトラクションに乗って体験するという構造である。当時のＴＤＬの「ウエスタンランド」を例にすれば、アメリカの西部開拓というテーマを、アメリカ人に人気のある開拓者・冒険小説作家・彼の作品の主人公にちなんで名付けた「デビークロケットのカヌー探検」、「蒸気船マークトウェイン号」、「トムソーヤ島いかだ」の各アトラクションに乗って体験するという構造である。

テーマとアトラクションは「テーマ化」という関係性によって媒介されている。社会学者のアラン・ブライマンはディズニーランドの「テーマ化」について述べているが、それを要約すれば、ある物語性（テーマ）をそれとは無関係な場所や施設に適用することで、それらが本来持っていない意味や魅力を獲得する作用として理解できる。[19]この「テーマ化」の作用は後述のように、遊覧船・蒸気機関車・ジェットボートの三つの乗り物の描写に認めることができる。

このようなテーマパーク体験の構造を旅行場面に適用して考察していきたい。すなわち、その場面にテーマを設定して、登場人物たちが「テーマ化」された乗り物に乗ることで、そのテーマを体感するという構造として捉えるのである。したがって、考察の第一段階はテーマの設定であるが、それを「仲良し家族」としたい。いかにもテーマパークにふさわしいテーマであるが、次のような議論に依拠している。

旅行二日目、秀和が牧子を取り返すために旅行に割り込んでくるために、大人たちの間に恋をめぐる諍いが発生する。だが、宗方が「子どもたちの前では、絶対に言い争ったり、もめごとを起こしたりしないこと」というルールを宣言し、秀和もそれを受け入れる。大人たちはこのルールに従って行動するので、彼らの口論は子ども不在の場所で行われ、夜のホテルで始まった秀和と宗方の喧嘩も、子どもが部屋に入って来ると中断されて深刻化しない。すなわち、旅行中、家族の仲の良さを演技する必要が生じ、それが旅行成立のための条件となるのである。

この演技される家族の仲の良さはＴＤＬでも観察される。ＴＤＬでは、訪れた家族連れが仲の良さを見せることが知られており、例えば、次のような証言がある。ある家族は、自分たちを特に仲が良いわけでも、悪いわけでもない「普通の家族」と考えるが、ＴＤＬに行った時だけは「私たち家族が心をひとつにするとき」で、家族間の楽しい会話が途切れることなく続き、「とても幸せな気持ち」になると言う。[20]また、二人の幼子を連れてクリスマスシーズンにＴＤＬを訪れたある夫婦は、子どもたちの大喜びする姿を見て、「私も心が軽く飛び立つような気持ち」になり、「家族で過ごした3日間は本当に夢のようでした」と回想する。[21]

家族連れがＴＤＬで見せるこの仲の良さについて、新聞記者の粟田房穂と高成田亨は『増補版ディズニーランドの経済学』の中で、次のように述べている。ＴＤＬは「清く正しく美しいパーク」、「ひたすら清潔で人畜無害の無菌の世界」であり、「『幸福』と『家族』のシンボルとして日本社会に根付いてきた」ことから、そこでは理想の家族であることの「自己確認」が行われ、「ディズニーランドという劇場で、人々は無意識に本来の役割を演じる。家族連れだと、父親は「いい父」に、母親は「いい母」に、子どもは「いい子」になりきっている。カップルもお互いに相思相愛の恋人を演じる。「仲良し家族」や「仲良しカップル」を意識せずに演じることができる雰囲気がパークにある」。[22]現実の家族は仲が良かったり、悪かったりするのであろうが、ＴＤＬに足を踏み入れれば、あらゆる家族が仲の良さを演じようとするのである。

このように家族の仲の良さはＴＤＬでは半ば無意識に、映画では意識的に演じられているのだが、レジャー活動で家族によって演じられる仲の良さという基本的な性格は両者共通である。このことは、旅行場面がＴＤＬのように「仲良し家族」をテーマにしたテーマパーク体験として構築されていること、あるいは、そこまで明確に構造化されていなくても、そのような観点からの考察がある程度有効であることを示唆しているように思われる。

次節からは、登場人物たちが乗り物に乗ることで、この「仲良し家族」のテーマをどのように体験しているのかを考察していきたい。

四．子どもたちのテーマパーク体験

大人二人（途中から三人）と子ども三人の一行がテーマパーク体験として経験する旅行の考察を、大人と子どもの立場に分けて進めていきたい。両者の間には、この旅行をどのようにテーマパーク体験として捉えるかにおいて、隔たりが見られるからである。

最初に子どもたちの立場から見た旅行体験であるが、この考察を前半のある場面から始めたい。そこでテーマパークがすでに言及されているからである。それは牧子と秀和の初ドライブの場面で、これに参加した宗方家の三人の子どもたちは、秀和にどこかの庭園のような場所に連れていかれると、「ジェットコースター、乗りたかったな！」、「私はメリーゴーラウンド！」、「私は海賊船！」と口々に不平を漏らすのである。子どもたちの行きたい場所が遊園地であることが明示されている場面である。

ここで言及された乗り物の中で特に「海賊船」に注目すると、子どもたちの脳裏にＴＤＬもイメージされていることがうかがえる。「ジェットコースター」と「メリーゴーラウンド」に類する施設は、ＴＤＬを含めて多くの遊園地にあるが（当時のＴＤＬでは「スペース・マウンテン」と「シンデレラのゴールデンカルーセル」）、「海賊船」が人気を呼んでいる遊園地は二か所考えられる。ＴＤＬの人気アトラクション「カリブの海賊」か、東京都練馬区の遊園地「としまえん」（二〇二〇年八月閉園）がＴＤＬの人気に対抗して、従来型の六倍の人間を乗せられる「大型機種」として、この映画公開の数カ月前に導入して話題を呼んだ、海賊船が振り子のように揺れる「フライング・パイレーツ」のどちらかである。(23)

子どもたちにとっては、どちらの「海賊船」であっても、乗れればそれで満足なのであろうが、参考までに小説化版の同場面を見てみると、ドライブの行先希望を聞かれた子どもたちの一人が「ディズニーランド！」(24)と答えているので、ここで想定されている遊園地のイメージの中には、ＴＤＬも含まれていたと考えられるだろう。

このように、子どもたちが遊園地に行きたかったのに行けなかったという状況が前半にあって、後半の旅行で乗り物に次々と乗っているのであれば、その場面は前半の言わば遊園地願望の具体化として理解できるのではないだろうか。この前後半の対応関係は、最初に検討した、牧子の日本での恋愛がニュージーランドで繰り返されるという作品構造とも符合している。ニュージーランドでの旅行には、子どもたちの遊園地願望の現実化という性格が付与されているのである。

それでは、子どもたちは実際に乗り物に乗ることで、「仲良し家族」のテーマをどのように体験しているのであろうか。旅行に登場する乗り物はいずれも観光用で、順に軽飛行機・ロープウェー・遊覧船・蒸気機関車・ジェットボートである。これらの乗り物をテーマパークにおけるアトラクションに相当するものとみなして、子どもたちのテーマパーク体験の様相を見ていきたい。

旅行初日に出てくるのが、軽飛行機とロープウェーである。牧子と宗方一家は軽飛行機に乗って山岳地の雄大な景色を楽しんだ後、クック山の氷河に降り立って、夏の季節の雪合戦という贅沢を楽しむ。次にロープウェーに乗って、眼下に広がる湖の美しさに感嘆の声をあげる。

二日目に秀和が旅行に強引に割り込んでくる。後述のように、これによって三人の大人たちの間に緊張が生まれるのだが、子どもたちにとっては引き続き楽しい旅行体験が続く。秀和も加わって六人になった一行は遊覧船に乗りこみ、ニュージーランド有数の観光地であるミルフォード海峡で独特のフィヨルド地形を楽しむ。子どもたちは生来の子ども好きの秀和といっしょに、海面からそそり立つ絶壁をデッキから見上げ、海に流れ落ちる滝の水しぶきを浴びて歓声を上げる。翌日に乗る蒸気機関車では、子どもたちは窓から身を乗り出して、流れゆく景色を楽しむ。

そして、最終日に乗るジェットボートでは最高の興奮を味わう。ショットオーバー川の両岸に迫った崖や巨岩の間を時速七〇キロで縫うように飛ばしていく乗り物で、まさしく渓流のジェットコースターである。これに乗り込んだ子どもたちはスピードとスリルを全身で受け止めて満喫している。

このように子どもたちは乗り物に乗ることで、楽しみ・興奮・スリルを素直に楽しんでいるが、重要なのは、子どもたちの体験している家族の仲の良さが「仲良し家族」のテーマの表面であることである。そのテーマの裏面である大人たちの三角関係は、子どもたちからは隠されている。「仲良し家族」の建前と本音の構造と言えるかもしれない。

五．テーマパーク体験化される恋愛

子どもたちが旅行を通して、「仲良し家族」の仲の良さを額面通りに楽しむのに対して、大人たちが経験するのは、その仲の良さの崩壊である。すでに見たように、秀和が二日目から旅行に加わることで、牧子をめぐって二人の男性が対立するが、大人たちは子どもたちに対して仲の良さを演じる一方、その裏側で恋の争いを繰り広げ、最終的に牧子が宗方一家と形成した「家族」から離れることで、秀和と再び結ばれるからである。注目したいのは、その大人たちの関係性が乗り物に乗るたびに変化していることである。

秀和の合流後に一行が乗る乗り物は遊覧船・蒸気機関車・ジェットボートの三つである。子どもたちがこれらの乗り物に乗る様子はすでに紹介したが、これからの記述は、大人たちの側から見た搭乗体験である。

遊覧船では、すでに触れたように、秀和と三人の子どもたちがいっしょに絶景を楽しんでいるが、牧子と宗方ははしゃぐ秀和たちから離れて、景色を楽しむこともなく、彼らを冷ややかに見ている。乗船者全員が景色を楽しむことが期待されている遊覧船の性格が、その期待に沿っていない牧子と宗方の存在を際立たせている。この場面は、この旅行が子どもたちの感じる表面上の家族の仲の良さと、大人たちの三角関係の裏面に二重化されたことと、大人たちの間に緊張関係が生まれたことを示している。

次に乗る蒸気機関車では、子どもたちが景色を楽しむ一方、大人たちは離れた場所で口論している。牧子が秀和のはっきりしない生き方を責めると、彼は世代の違いを持ち出して、宗方のような先行世代が今の世の中を作ったと反論する。ここでも旅行の二重構造が可視化されているが、今度は秀和が子どもの側から大人の側に移ってきている。旅行全体としては、表面上の家族の仲の良さが維持される一方、裏面で展開される恋の争いは激しくなっており、家族の仲の良さの危機が深まっている。

最後のジェットボートでは、この乗り物に乗ることが大人たちの関係性に最終的な変化を起こしている。秀和は次女を膝に載せて乗り込み、牧子はその隣に座るが、彼女はあまりのスピードとスリルに思わず秀和に抱きついてしまう。秀和はこの行為を、牧子が本当に好きなのは自分だという証拠だと信じて、その晩のホテルで、「君は自分をごまかしている。俺を愛している証拠に、ジェットボートの中で俺に抱きついたじゃないか！」と牧子につめ寄り、彼女は「バカみたい」と切り捨てるが、この出来事が彼女が最後に宗方ではなく、秀和を選ぶ翻意の伏線になっている。ジェットボートへの搭乗が牧子の秀和への潜在的な愛情を引き出した形である。

　このような大人たちの体験の描写から分かるのは、乗り物が「テーマ化」されていることである。大人たちは乗り物に乗ることで、この旅行が子どもたちの感じる外見上の仲の良さと、その裏面で大人たちが抱えた不和の二つの部分に分かれ、また、家族の仲の良さが段階的に壊れていくのを搭乗体験として体感している。これは乗り物本来の機能とは無関係で、それらの場面において付与された作用であることから、「テーマ化」された乗り物の表象として理解できる。

　そして、この旅行は次のような形で終わる。旅行の最後に出てくるアトラクションは乗り物ではなく、立体迷路である。六人全員がこの迷宮脱出に挑戦し、子どもたちは難なく出てくるが、秀和だけが取り残される。この時、秀和が前夜、子どもたちを大人の問題に巻き込まないというルールを破っていたこと（子どもに牧子との仲を取り持って欲しいとお願いしたこと）が判明し、旅行成立の前提条件が壊れる。宗方は秀和を旅行から外すことに決め、彼を迷路に残したまま自動車を出発させるのだが、車中の牧子は、両目から涙が自然にあふれてくると、自分が秀和を置いていけないことに気付き、車を降りて迷路まで走って戻り、二人は抱き合う。牧子は宗方一家と形成した「家族」から最終的に離脱することで、東京で別れた秀和と再び結ばれるのである。以上の旅行場面の描写には、テーマパーク体験と同じ構造が読み取れる。そのテーマは、演じられた家族の仲の良さという「仲良し家族」であり、大人たちはそのテーマによって「テーマ化」された乗り物に乗ることで、「家族」の仲の良さが壊れていくのを体感している。つまり、演じられた家族の仲の良さの崩壊を経験するテーマパーク体験である。

このテーマパーク体験を特に牧子の立場から眺めるならば、それを通して秀和と再び結ばれていることから、「仲良し家族」の崩壊から二度目のロマンスが花開くという劇的な展開が、牧子にとってのテーマパーク体験であることになる。

この議論を、牧子が「家族」から離脱することで秀和と結ばれるパターンが前後半に出てくるという前出の作品構造に結び付けると、地方の若い女性が上京して恋に落ちるという前半の平凡なロマンスが後半において、旅行という形のテーマパーク体験として繰り返されていると解釈できる。言いかえると、冬のどんよりとした曇り空の下、東京の雑踏で重ねられる二人のデートは、夏のニュージーランドの大自然の中で乗り物に乗りながら花咲くロマンスとして、テーマパーク体験化されたのである。

この恋愛のテーマパーク体験化は、牧子自身が秀和との恋愛を観察した、前半と後半のモノローグの相違に表れている。前半の東京での秀和との初デートでは、次のような牧子のモノローグが入る。「世の中って不思議ですね、その秀和に恋をしてしまったのです。初めてのキスは雨のなかでした」。この直後、いきなりキスの場面になる。自分の恋愛を他人事のように見ているおもしろい観察である。

後半のモノローグは、二人が最後に抱き合った直後、次のように流れる。「なぜ私は秀和を選んだのでしょう。自分では説明がつかないのです。ただ、おぼろげに分かっていたのは、秀和が青春という迷路を、自力でくぐり抜けるに違いないということでした」。

自分でもよく分からないまま、再び秀和を恋人に選んでいる点は前半と同じだが、ここでは、その曖昧な恋愛感情が「青春という迷路」という表現で便宜的に置き換えられ、その「青春という迷路」の比喩が直前の立体迷路のアトラクションに由来することから、牧子がこの恋愛をテーマパーク体験の延長として見ていることが推測できる。

要するに、牧子は日本での恋愛をニュージーランドでの旅行を通して、テーマパーク体験として経験し直したのである。若い女性が主役の恋愛劇とされる『夏服イヴ』を、恋愛ではなくテーマパーク体験の観点から考察することで得られた新たな作品解釈である。

六．テーマパーク体験としての恋愛と一九八〇年代の家制度

最後に、牧子による恋愛のテーマパーク体験化の意味を一九八〇年代の時代的分脈で考えてみたい。第二節で、留年中の大学生でキャッチコピーを考えて糊口をしのいでいる秀和と、三人の

子どもを抱えた貿易事業家の宗方とでは、牧子の恋愛・結婚相手としては、境遇や生き方の違いが大きすぎて、比較・選択が容易ではない組み合わせであることを論じたが、彼女の恋愛がテーマパーク体験化されているという知見に依拠するならば、そのような恋愛にふさわしい相手はどちらかという新たな判断基準が得られる。この観点から二人を比較するならば、人生を楽しもうとする秀和の方が、会社経営と家族の扶養に精力を傾ける宗方よりも、テーマパーク体験としての恋愛に適しているのは妥当な結論になるだろう。

ここで考えてみたいのは、仮に牧子が宗方を選んでいた場合、彼女のその後の人生がどうなっていたのかである。これは映画では描かれていないことなので、あくまでも推測にすぎないが、牧子がテーマパーク体験化された恋愛の相手として秀和を選んだ意味を別の角度から探ることを可能にしてくれる。

この仮定の答えとして考えられるのは、牧子が宗方を選んでいた場合、彼女が家庭に入っていたことである。これは、三人の義母ともなれば、同時に仕事を持つことは不可能ではなくても、かなりの負担になるので専業主婦が無難であろうという常識的な推論であるが、同時に、「すまんが、（家庭教師としては）君をクビにする。あらためて、奥さんとして採用したい」という宗方のプロポーズの言葉から分かるように、彼が牧子に期待しているのが「奥さん」の役割なので、彼女がこのプロポーズを素直に受け入れるのであれば、「奥さん」の立場を選んでいただろうという解釈にも基づいている。

言いかえると、牧子と宗方は、男は仕事、女は家庭のいわゆる性別役割分担の関係で結ばれることになるが、これは、宗方が団塊の世代の人物として造形されている点とも無関係ではないように思われる。団塊の世代の結婚は男女間の年齢差が小さいという特徴があって、「友達夫婦」と呼ばれたように同世代間の結婚が多く[25]、また、この世代の女性は、夫が産業構造の転換によって、ほとんどがサラリーマンになったために、専業主婦になる人が多く、社会学者の落合恵美子によれば、「日本の女性史上、もっとも家事・育児に専念した人の割合が高い世代」、もっとも「主婦化」した世代であった（この反動で一九八〇年代から「主婦離れ現象」が起き、フェミニズムへの関心も高まる）[26]。牧子が宗方と結婚したとしても、団塊の世代の女性のように「主婦化」する必然性はないものの、彼女が宗方の世代の生き方に合わせようとするならば、自然に落ち着く先は専業主婦であったのではないだろうか。

この女性の「主婦化」の議論をもう一歩進めるならば、男女の性別役割分担が戦後における家制度の表れのひとつであったことも論点に含めることができる。第二章の『プルメリアの伝説』の考察で見たように、戦後に残った家制度は親のお膳立てした縁談という形で影響力を及ぼしていたが、それは企業社会においても根強く維持されていたことが指摘されている。

女性史家の山下悦子は、「家イデオロギー」が「企業社会の再生産システム」に組み込まれる形で、戦後も存続していたと論じているが[27]、そのような企業の組織原理としての家制度は、女性に対する差別的な採用・雇用慣行（女性採用の際の結婚退職の誓約書の提出、女性のみの若年定年制、男性とは区別した昇進・給与の制度など)[28]として具体化していたのが八〇年代前半である(男女雇用機会均等法の施行は一九八六年)。この企業の組織原理としての家制度は家庭の領域にも影響を及ぼしており、上野千鶴子が指摘するように、「法的平等の背後」にある「性別役割分担による社会・経済的不平等」として表れていたのである。[29]

このように団塊の世代の女性の「主婦化」が一種の家制度の表れであるならば、牧子が宗方と結婚せずに「主婦化」しないという選択、すなわち、テーマパーク体験化された秀和との恋愛という選択には、性別役割分担という形を通して家制度とは関わらないという側面が伴っていると解釈できる。社会から切り離された非日常的世界を体験できるテーマパークに行くことが一種の現実逃避でもあるように、牧子による恋愛のテーマパーク体験化も、そうした社会現実から逃避しようとする試みのひとつだったのかもしれない。

註

(1) TDL以前にもテーマ性を持った遊園地等は日本にあったものの、ひとつのテーマに従って施設内の全ての要素が統一されているという、現在共有されているテーマパークの概念や形態を日本で最初に示したのはTDLであった。以下の文献を参照。奥野一生『新・日本のテーマパーク研究』竹林館、二〇〇八年、七七、八三頁。粟田房穂・高成田亨『増補版 ディズニーランドの経済学』朝日文庫、二〇一二年、六二-六三頁。橋爪紳也『日本の遊園地』講談社現代新書、二〇〇〇年、一六一-一六二頁。速水健朗『都市と消費とディズニーの夢―ショッピングモーライゼーションの時代』角川ONEテーマ21、二〇一一年、八五－八六頁。馬場康夫『ディズニーランドが日本に来た！──「エンタメ」の夜明け』講談社＋α文庫、二〇一三年、二二五頁。

(2)『増補版　ディズニーランドの経済学』、一九頁。

(3)『日本の遊園地』、一六三頁。

(4)『新・日本のテーマパーク研究』、七七－七八、八三－八五頁。

(5)『増補版　ディズニーランドの経済学』、八七－九八頁。

(6)『ディズニーランドが日本に来た！』、二二五－二二六頁。

(7)能登路雅子『ディズニーランドという聖地』岩波新書、一九九〇年、二二五頁。

(8)『キネマ旬報』一九八四年七月下旬号掲載の映画広告。

(9)上野千鶴子『近代家族の成立と終焉　新版』岩波現代文庫、二〇二〇年、二一－四六頁。

(10)「松田聖子『夏服のイヴ』衝撃のキス・シーン＆全ストーリー」『週刊明星』一九八四年、二七（二七）（一三二七）、一八四頁。

(11)小杉礼子の『フリーターという生き方』によれば、フリーターは「十五～三十四歳で在学しておらず、女性は未婚の者のうち、パートアルバイト雇用者及び無業で通学も家事もしておらず、パートアルバイトの仕事を希望する者」と定義され、一九八二年には推計五九万人だったが、一九九七年には一七三万人に増えている。秀和のように自分のやりたいことを追求するというのは、フリーターの三類型の中の「夢追い型」に該当し（やりたいことを見つけるためのフリーター選択も含まれる。他の二類型は「モラトリアム型」と「やむを得ず型」）、会社勤めを嫌う性向は、自由な時間と気楽な人間関係を重視するフリーターの「自由・気楽志向」に相当している（小杉礼子『フリーターという生き方』勁草書房、二〇〇三年、四、一二－一五、三七－四八頁）。

(12)映画『フリーター』は一九八二年創刊のリクルートのアルバイト情報誌『フロムエー』が制作に参加した作品で、羽賀研二は、当時最先端だった自動車電話付のＢＭＷを乗り回しながら、「フリーターネットワーク」というアルバイト派遣業を切り盛りするリーダー役を演じている。この映画では、フリーターは「会社というワクなどには絶対とらわれず、あくまでも自由にこだわる」のを信条とする、「理想に生きる新職業人」であると定義されている（映画『フリーター』劇場販売パンフレット参照）。『夏服のイヴ』公開時にはまだ一般化していなかったフリーターという言葉は、この映画『フリーター』のおかげで世間に広まった（「『週刊ダイヤモンド』特別レポート「フリーター」はいつから負のイメージを帯びたのか、〝産みの親〟が語る　道下裕史『フロム・エー』初代編集長」、https://diamond.jp/articles/-/166000　最終アクセス日二〇二〇年七月二七日）。

(13)「「フリーター」はいつから負のイメージを帯びたのか」。昼間たかし『1985-1991　東京バブルの正体』マイクロマガジン社、二〇一七年、一七九-一八四頁。

(14)ジェームス三木「脚本　夏服のイヴ」『キネマ旬報』一九八四年六月下旬号、九〇頁。

(15)ジェームス三木原作・はりうしずえノベライズ『夏服のイヴ』集英社文庫、一九八四年、一六一頁。

(16)林信吾・葛岡智恭『昔、革命的だったお父さんたちへ――「団塊世代」の登場と終焉』平凡社新書、二〇〇五年、一三四頁。

(17)布施克彦『24時間戦いました―団塊ビジネスマンの退職後設計』ちくま新書、二〇〇四年、二五-二六頁。

(18)『24時間戦いました』、六〇-六四頁。上野千鶴子・雨宮処凛『世代の痛み―団塊ジュニアから団塊への質問状』中公新書ラクレ、二〇一七年、四-五、一四七-一四九頁。

(19)アラン・ブライマン『ディズニー化する社会―文化・消費・労働とグローバリゼーション』能登路雅子監訳・森岡洋二訳、明石書店、二〇〇八年、一五、四〇頁。

(20)『東京ディズニーリゾート30周年記念出版　30年のハピネス』講談社、二〇一三年、八七頁。

(21)『30年のハピネス』、二八-二九頁。

(22)『増補版　ディズニーランドの経済学』、二九七-二九八頁。

(23)「〝フライング・パイレーツ〟の成功で一層躍進する―としまえん」『月刊レジャー産業』一九八四年八月号、

二二二－二二四頁。

(24)『夏服のイヴ』、五〇頁。

(25) 三浦展『団塊世代の戦後史』文春文庫、二〇〇七年、一二四－一二八頁。『21世紀家族へ──家族の戦後体制の見かた・超えかた　第4版』有斐閣選書、二〇一九年、一三七頁。

(26)『21世紀家族へ　第4版』、一七－二四、一五二－一五六頁。

(27) 山下悦子「戦後社会と女性──職場と家族の変容」『女と男の時空──日本女性史再考　一三巻　溶解する女と男──現代』藤原書店、二〇〇一年、六一七－六二三頁。

(28) 濱口桂一郎『働く女子の運命』文春新書、二〇一五年、五二－七〇頁。なお、この時代に東京大学在学中だったエッセイストの岸本葉子は、就職活動の際に直面した数々の女性差別をエッセイに書き残している。彼女は、大学までは「男の子と同じ地平」に並んでいたのに、就職活動の際に「男とちがって扱われる生まれてはじめての経験」に直面したと述べている。岸本の著書からは、男子のみ採用する会社、男子だけに届くダイレクトメール、「よそ様のお嬢さんをお預かりするわけ」だから「自宅外通勤」の女子大生は採用しないという会社、「東大の女キライ」と言う社長、「女子社員ではなく男子社員のおヨメさん候補を採る」と明言する会社などが当時あったことが分かる。この時代の就職活動を、男子は「売り手市場」だが、女子は「買い手市場」、「女の子は悲惨だよ」と表現している（岸本葉子『クリスタルはきらいよ──女子大生の就職活動日記』泰流社、一九八五年）。

(29)『近代家族の成立と終焉　新版』、一五七－一五八頁。

第四章　教会結婚式と一九八〇年代日本映画

映画『カリブ・愛のシンフォニー』（一九八五年）を代表例にして

松田聖子が独身時代の最後に主演した映画が、メキシコを舞台にした恋愛劇『カリブ・愛のシンフォニー』（一九八五年、鈴木則文監督）である。この映画は、彼女が共演した神田正輝と映画公開後に二十三歳で結婚したことから、彼女の最初の結婚のきっかけになった作品としてもっぱら記憶され、現在でも「撮影をきっかけに聖子様と正輝は急接近[1]」、「婚約発表直後の初共演とあって、何かと話題を呼んだ作品[2]」、「郷ひろみとの破局後、神田正輝との縁を取り持った海外ロケ作[3]」と紹介されているが、一九八〇年代に制作された日本映画の一作品として改めて見てみると、ある興味深い点があることに気付く。教会結婚式がラストに出てくることである。

教会結婚式は昨今の恋愛映画ではごく普通に出てくるが、日本映画でその挙式スタイルを取り入れた作品がよく目につくようになったのは、実は一九八〇年代中頃からだと思われる。この指摘は、日本映画の中の結婚式を漏れなく調査した上での結論ではなく、現在映像ソフトが入手可能で、結婚式が描かれていそうな（描かれている）一九七〇〜九〇年代の現代劇を、筆者がある意味では無作為に鑑賞した結果の印象である。

教会結婚式は、渥美清主演の喜劇『つむじ風』（一九六三年、中村登監督）、関根恵子が高校生の新婦を演じた『おさな妻』（一九七〇年、臼坂礼次郎監督）、人気歌手の辺見マリ主演の『めまい』（一九七一年、斎藤耕一監督）ではすでに描かれており、決して目新しい見世物ではないものの、それが目立ってくるのが一九八〇年代中頃からであるという指摘は、この時代の日本映画の総体的な傾向としては間違っていないはずである。この見方に従えば、八五年公開の『カリブ・愛のシンフォニー』は、八〇年中頃から増えてくるその種の映画の最初期の作品と位置付けられる。

ここで議論の便宜上、教会結婚式が出てくる日本映画を、作品内におけるその場面の重要度・位置付けにかかわらず、「教会結婚映画」として括って、今後の考察を進めていきたい。

教会結婚映画が一九八〇年代中期以降に増え始めているのは、現実の挙式でも一般人（非信者）による教会結婚式が同時期から増えているので、その社会動向を取り入れた結果だと考えられるのだが、この時代に教会結婚式が増えてきた、そそもの理由としては、第二章と三章で考察したように戦前から残存する家制度の八〇年代における衰退、ハリウッド映画の影響、そして、芸能人の教会結婚式の影響の三点が挙げられる。

本章では、この時代の教会結婚映画の代表例として『カリブ・愛のシンフォニー』を取り上げ、一九八〇年代後半からの教会結婚式の増加を促した、それら三つの時代背景に置いて考察することで、この作品の持つ時代性を浮き上がらせてみたい。

一．教会結婚式と一九八〇年代の日本映画

教会結婚映画が日本のスクリーンで目につくようになったのは、一九八〇年代中頃からである。筆者の気付いた範囲では、『カリブ・愛のシンフォニー』以外には次のような作品がある。ビートたけし主演の『哀しい気分でジョーク』（一九八五年、瀬川昌治監督）には、日本人男女によるシドニーの教会での挙式準備の様子が出てくる。『紳士同盟』（一九八六年、那須博之監督）には、式場が洋館で牧師も不在だが、十字架とステンドグラスを正面に据えた教会式風の儀式が描かれている。一九七〇年代の人気漫画を原作とし、時代設定が大正の『はいからさんが通る』（一九八七年、佐藤雅道監督）では、ラストに教会結婚式が出てくるが、挙式中に関東大震災が発生して中断される。軽井沢の教会の前で記念撮影する挙式直後の新婚夫婦を、不治の病のヒロイン（後藤久美子）が自分には手の届かない幸福の象徴として偶然目にするのは、『ラブ・ストーリーを君に』（一九八八年、澤井信一郎監督）においてである。

教会結婚映画は一九九〇年代に入っても制作され続け、松田聖子がＯＬの亡霊役で出てくる『どっちもどっち』（一九九〇年、生野慈朗監督）、オムニバス映画『結婚』（一九九三年）、八〇

年代の人気漫画を原作とする『白鳥麗子でございます!』(一九九五年、小椋久雄監督)、『東京兄妹』(一九九五年、市川準監督)、『大失恋。』(一九九五年、大森一樹監督)、『恋と花火と観覧車』(一九九七年、砂本量監督)、『ジューンブライド　6月19日の花嫁』(一九九八年、大森一樹監督)の諸作品が確認できる。

これらの作品における教会結婚式の描写・位置付けは一様ではなく、クライマックスに置かれても中断したり、正式な挙式ではなくてその模倣だったり、あるいは、一場面として描かれることもあれば、エンドクレジットの背景としてのみ出てくる場合もあるが、そのような違いはあっても、教会結婚式が何らかの形で出てくることが、一九八〇年代に入った日本映画が見せ始めた新たな趣向だったと言える。

教会結婚映画が一九八〇年代中頃から増え始めた理由は、この時代に教会結婚式が一般にも普及し始めたからだと考えられる。結婚の主な挙式スタイルには、教会式、神前式、人前式、仏前式がある。戦後から一九六〇・七〇年代までは、一九〇〇年の大正天皇の婚礼に起源を持つ伝統的な神前式が支配的であったが、八〇年代に入って教会結婚式が徐々に増加し始めた。

現代社会と宗教の関係を研究する石井研士は、一九八四年の自分の結婚時をふり返って、婚約者は教会での挙式を希望したものの、式場の施設の都合で神前式になったとふり返った上で、「考えてみれば、八〇年代半ばはまだ神前式が圧倒的に多かったとはいえ、すでに教会式への志向は潜在していたのだろう」と述懐しているが、(4) この潜在的志向が、ホテルや専門式場に挙式用のチャペルが整備されるにしたがって顕在化し、教会結婚式は八〇年代後半から増加、九〇年代中頃に神前式を抜いて主流の挙式スタイルになったと指摘されている。[5] 現在も一番人気があるのが教会式で、あるブライダル関連会社による挙式スタイルの最近の人気調査では、教会（キリスト教）式が五割以上で、人前式と神前式を抜いてもっとも人気が高い。[6] ちなみに、筆者自身も札幌のホテル併設のチャペルで一九九九年に挙式している。

日本ではキリスト教の信者数は人口比で一％未満なので、[7] 信者でもない多くの男女がキリスト教式の挙式を挙げていることになる。筆者はキリスト教の教義にも歴史にも疎いのだが、そのような日本特有の現象は、「宗教」や「信仰」としてではなく、「文化」や「慣習」としてのキリスト教の受容として説明されている。[8]

例えば、日本語学者の郭南燕は、キリスト教の倫理観・教育観は明治以後、日本でもひとつの理想として受け入れられ、福沢諭吉や大隈重信の教育理念にも影響を与えたほか、ミッションスクールへの高い信頼と人気につながっており、日本人は信者ではなくとも、キリスト教に憧れ、その理念の実践に違和感を覚えない人が多く、教会結婚式の人気が高いのも、「キリスト教への好意と信頼が背景」にあって、「教会の結婚式は自分たちの婚姻生活に「幸運」をもたらしてくれると信じている」からだと論じている。[9]

また、初詣や仏式の葬儀などの季節行事・儀式を実践する多くの日本人が、仮に神道信者・仏教徒と呼ばれるのであれば、クリスマスや教会結婚式を受け入れている日本人はすでにキリスト教徒でもあるという見方も提出されている[10]。

このようにキリスト教の文化に好意的な日本人は一九八〇年代後半から、結婚式という儀式においても教会式を選ぶようになったのであり、同時代における教会結婚映画の増加も、そのような時代動向と連動した結果だと考えられるだろう。

二　教会結婚式の増加の時代背景

一九八〇年代中頃からの教会結婚式の増加は突然起こったものではなく、それには以下の三つの時代背景が関係している。家制度の衰退、ハリウッド映画の影響、松田聖子も含めた著名な芸能人の教会結婚式の影響である。これらを順に検討して、八〇年代後半から顕在化する、教会結婚式への潜在的志向がどのように形成されてきたのかを検討していきたい。

八〇年代における教会結婚式の増加に関して興味深いのは、それが家制度の衰退と表裏一体の事柄として論じられていることである。第二章で検討したように、父親（家父長）による家族の統率権を保証した家制度は、戦後の民主改革で法律上は消えたものの、日本人の内面からは直ぐ消えずに残存し、八〇年代に入ってようやく衰退を見せ始めていた。

石井研士は、家制度と関係の深い神前式が八〇年代中頃まで支配的であった理由のひとつに、家制度の残存を挙げており、それが衰退してくるのに伴い、「地域共同体や親族構造を背景とした「家」と「家」の結合の儀礼としての結婚式は、明らかに個人と個人が愛情によって結ばれる事実を表明して見せる儀礼へと変化した」のであり、この変化に同調する形で神前式の人気が下降する一方、個人同士の愛情の結びつきを重視する教会結婚式が主流のスタイルになったことを論じている。[11]教会結婚式そのものに家制度の残存を指摘する声もあるものの、[12]その主流化は家制度の衰退と表裏一体の事象だったと考えられるのである。

教会結婚式の増加はまた、その挙式スタイルへの憧れという観点からも説明することができる。結婚する男女が教会式を選ぶ理由でもっとも多いのが、「その形式にあこがれていた」であるが、この選択理由が八〇年代後半から急増しているからである。[13]

例えば、松田聖子もミッションスクール時代から教会式に憧れていて、後述のように実際に教会で挙式している。その憧れは、彼女のエッセイではこのように表現されている。

カトリックの高校へ進学したこともあり、教会の結婚式に憧れた。新婦である私は、レースのウエディングドレスに身を包み、バージンロードを進むのだ。（中略）人々の祝福に包まれて、荘厳な教会のなか、神父さまの前で指輪をかわし、厳粛にキスをかわす。[14]

彼女は別のエッセイでも、軽井沢の教会でいつか挙式する「夢」をつづっているが、[15]このような憧れは彼女に限らず、当時も今も、多くの若い女性が抱く教会結婚式への憧れではないだろうか。

このような教会式への憧れを形成してきた要因は二つ考えられ、ひとつがハリウッド映画の影響である。現在の教会式の人気の一端が映画に由来することは、ブライダル業界による教会式の宣伝を見れば一目瞭然である。「まるで映画のワンシーンのような演出ができるのはチャペルウエディングならでは」[16]、「映画のヒロインに憧れて素敵なウェディングドレス」[17]、「欧米風の挙式スタイルに幼いころから憧れているという方にとって、長年の夢が実現できるのがチャペルウェディングです」[18]などの表現が並んでおり、映画で見た教会結婚式がその挙式スタイルへの憧れを喚起していることが推測できる。このような映画を通した宣伝は、日本の伝統を強調する神前式にはほとんど見られないものである。

日本での洋画体験がどのようにして、教会結婚式への憧れの形成に結びついたのかを体系的に論じる準備はないものの、ここで指摘できるのは、一般の日本人は主にハリウッド映画を通して、教会結婚式に接してきたのではないかということである。

教会結婚式の登場するハリウッド映画は、比較的著名な作品だけを拾ってみても、『或る夜の出来事』(*It Happened One Night*, 一九三四年)、『花嫁の父』(*Father of the Bride*, 一九五二年日本公開)、『パリの恋人』(*Funny Face*, 一九五七年)、『サウンド・オブ・ミュージック』(*The Sound of Music*, 一九六五年)、『卒業』(*The Graduate*, 一九六八年日本公開) などを挙げることができる。

それらの作品の中でも、例えば『花嫁の父』と『パリの恋人』の当時の批評を見ると、教会結婚式の準備を丁寧に見せた『花嫁の父』が、新婦役を演じた若きエリザベス・テイラーの美貌と相まって、アメリカによる占領統治終了間もない日本人に、西洋の挙式スタイルを印象付けたことや、[19]『パリの恋人』でオードリー・ヘップバーンが見せたウエディングドレス姿が女性たちに注目されたことがうかがえる。[20]

後に岩波ホールの総支配人として、世界各地の映画の紹介に尽力することになる高野悦子は、敗戦後の時期を大学生として過ごしたが、在学中に接した西洋映画を当時の日本にとって「世界に開かれた唯一の窓」であると感じ、「民主主義」や「男女平等」が「生き生きと具体化」されたそれらの作品から「驚きと感動」を受け取っているが、[21]教会結婚式への憧れも、戦後の日本人がスクリーン越しに注いできた、そうした西洋文化に対する羨望の眼差しの文脈に位置付けられるだろう。

教会結婚式が出てくるハリウッド映画は、先述の作品以外にも、これまで多数公開されてきており、日本人は戦前から現在まで、時代を通じてスクリーンで教会結婚を目にしてきている。このような洋画体験が教会結婚式への憧れの源流のひとつにあり、一九八〇年代におけるその増加を準備したと考えられる。

教会式への憧れを形成してきたもうひとつの要因が、日本の著名な芸能人の教会結婚式である。建築批評家の五十嵐太郎らが指摘するように、著名な芸能人の教会結婚が、「教会式のウエディングが浸透する契機」になり、「多くの人が憧れのタレントと同じ場所で、同じ方法で結婚式を挙げたいと考えたのである」[22]。

そのような芸能人の教会結婚の早い例としては、人気フォークシンガー吉田拓郎の一九七二年の挙式がある。同年の吉田のヒット曲『結婚しようよ!』の歌詞、「約束どおり　町の教会で／結婚しようよ」、「白いチャペルが見えたら／仲間を読んで　花をもらおう／結婚しようよ」の世界を地で行くように、彼は軽井沢の聖パウロ・カトリック教会で、集まった「100人以上」のファンと友人たちから自然に沸き起った「結婚しようよ!」の「大合唱」の中で、歌手の四角佳子と挙式して話題を呼んだ[23]。

この挙式と前後して、加山雄三と松本めぐみ(一九七〇年)、石坂浩二と浅丘ルリ子(一九七一年)、西郷輝彦と辺見マリ(一九七二年)など、著名な映画俳優・歌手が教会で挙式しており、「芸能スター」の結婚が「〝教会結婚〟をブームにした」などと芸能誌で報じられてもいる[24]。

著名な芸能人の教会結婚式は八〇年代に入っても続き、山口百恵と三浦友和が一九八〇年に日本基督教団・霊南坂教会で、松田聖子と神田正輝が一九八五年にカトリック・サレジオ教会で、郷ひろみと二谷友里恵が一九八七年に霊南坂教会で挙式している。これらの結婚式は新聞・雑誌などで報じられただけでなく、テレビ中継もされて高視聴率をとり、教会結婚式への憧れを高めたことが報告されている[25]。

このような芸能人の結婚が教会式への関心を高め、ある芸能誌の表現を借りれば、「スターも歩いたバージンロードをあなたも…」[26]という憧れを生み出したと言える。彼らの教会結婚式は、神前式の象徴する「家」同士の結びつきとしての結婚ではなく、「個人と個人が愛情によって結ばれる幸せ」を「最大限に表現して見せたもの[27]」として、多くの若い男女に支持されたのである。

三　父親不在の恋愛映画『カリブ・愛のシンフォニー』

前節までに、一九八〇年代における教会結婚式の増加を促した時代背景として、同時代における家制度の衰退と、ハリウッド映画と芸能人の教会結婚式が生み出してきた教会式への憧れを検討してきたが、これら三つの時代背景が教会結婚式の描写に結びついた映画として、『カリブ・愛のシンフォニー』を取り上げて考察してみたい。

この映画を代表例として取り上げるのは、教会結婚式がクライマックスに置かれて、物語上重要な役割を果たしていると同時に、アイドル歌手として人気の絶頂期にあった松田聖子のウエディングドレス姿が話題を呼び、その写真が映画の象徴的イメージとして各種媒体で売り込まれたことから[28]、名実ともに教会結婚式を中心に据えた教会結婚映画と呼ぶことができ、教会結婚式と時代との関係性を検討するのにふさわしい作品と考えられるからである。

『カリブ・愛のシンフォニー』の粗筋は次のとおりである。ヒロインの「沢木彩」（松田聖子）は将来を嘱望されたファッション・デザイナーであるが、職場での理不尽な出来事に耐え切れ

「カリブ・愛のシンフォニー」でデザイナーを演じた松田聖子はメキシコで、建築家役の神田正輝と運命的な出会いを経験する。「カリブ・愛のシンフォニー」©TOHO CO., LTD.

ず、退職して単身メキシコに渡る。メキシコ在住の世界的デザイナーで、彼女の尊敬する「最首《さいしゅ》俊輔」（宍戸錠）に会うためであるが、この旅行には、十五年前にメキシコ美術にのめり込んで失踪してしまった画家の父親を捜すという目的もあった。彩は、最首から付き添いを依頼された日系メキシコ人の建築家「ミツアキ・フカヤ」（神田正輝）らの助力を得て、父親の住居を地方の街に探し当てるが、彼は一週間前に死去していた。

彩は失意のまま帰国しようとするが、ミツアキは彼女を激励して、父親の心を捉えたメキシコ美術の真髄を理解させようと、各地のメキシコ美術の見学に連れ出す。彩はミツアキとともに父の足跡をたどりながら、情熱的・野性的な芸術作品の数々に触れることで、父親の生き方をようやく理解する。創作意欲を取り戻した彼女は、メキシコ美術を取り入れたファッションのデザイン案をいくつも描き上げ、最首にも出来栄えを認められる。

そして、愛し合うようになっていた彩とミツアキは、父の住んでいた街の教会での挙式を計画する。その日、彩は純白のウエディングドレスを着て、教会でミツアキの到着を待つが、職場から車を飛ばして来たミツアキは教会を目前にして事故に巻き込まれる。悲報を聞いた彩は教会から走って現場まで行き、ミツアキの無残な姿を目にすると気を失い、その場に倒れこむ。

このような粗筋の『カリブ・愛のシンフォニー』を教会結婚映画として考察するにあたって、最初に父親の不在について検討しておきたい。後述のように、その点に家制度の衰退という時代背景が表れているからである。

恋愛映画では、若い男女の恋路の前に何らかの障害が置かれるのが常であるが、従来の日本映画では、両親の反対が主要な障害のひとつであった。この両親の反対という要素は戦後の民主改革以後は描きにくくなったことが指摘されているが[29]、家制度が戦後も残存していたように、娘に縁談を押しつけて自由な恋愛を邪魔する父親が出てくる映画は、第二章で見たように八〇年代に入っても継続して制作されている。

ところが『カリブ・愛のシンフォニー』では、恋愛の潜在的な障害になりうる父親が不在であるために、彩とミツアキのロマンスが大過なく進行している。恋愛の障害としては、ミツアキのライバルとして、新聞社のメキシコ特派員（峰竜太）が一応出てくるが、彼はもっぱら笑いを取る役回りを振り当てられており、また、ミツアキに片思いを寄せるメキシコ人女性も、彩の恋敵として登場するものの、この三角関係の緊張も高められずに意外とあっさり解決されるので、二人の恋愛は大きな壁にぶつかることなく挙式まで進んでいる。恋愛映画としての『カリブ・愛のシンフォニー』の特徴は、父親が不在であることなのである。

不在の父親の役割の一部は、彩がメキシコで出会う世界的デザイナーの最首が担っている。彩が父親を探した理由のひとつは、デザイナーとしての自分の資質の確認である。彼女は自分がデザインの道に進んだのは、画家である父親の資質を受け継いだからだと考え、父親と会うことでデザイナーとしての自信を取り戻したいと考えているが、最終的にこの願望は、父親の友人でもあった最首が彼女の作品を褒めることで満たされており、この点に関しては、彩の父親の役割は最首によって部分的に代理されていると言える。

メキシコという舞台設定について触れれば、メキシコは、一人の日本人画家が家族を捨ててまで生涯を芸術に捧げるという生き方を正当化するために、理性を超えた始原的なエネルギーにあふれた美術を持っている国として選択されたようだが[30]、映画の営業戦略的な見地では、メキシコ美術や古代文明の遺跡の紹介に短くない時間が割かれていることから、日本人の海外旅行が大衆化した八〇年代でも、まだなじみの薄かったメキシコを見せることで、観客の異国趣味に訴えるという目的もあったと考えられる[31]。

四．父親の不在と家制度の衰退

前節の議論も踏まえて『カリブ・愛のシンフォニー』を、一九八〇年代後半からの教会結婚式の増加を促した三つの時代背景、すなわち、家制度の衰退、ハリウッド映画の影響、芸能人の結婚の影響の観点から考察していきたい。

先に八〇年代における教会結婚式の増加が家制度の衰退と表裏一体であったことを見たが、『カリブ・愛のシンフォニー』の教会結婚式にも家制度の衰退が表象されていることを、ヒロインの父親の人物像とその不在に着目して議論していきたい。

映画のラストの教会結婚式は父親不在の挙式である。父親は死んでいるので不在であって当然であるが、彩はこの亡き父親にも結婚を象徴的に祝福してもらおうと、彼の住んでいたメキシコの街にある教会で、彼の家で家政婦として働いていたメキシコ人女性を立会人に頼んで結婚式を立案している。この設定によって強調されるのが、参列すべきはずの父親が参列していないというこの挙式の性格である。この父親不在の点に、家制度の衰退の表象を読み取ることができる。

父親の人物像については、メキシコ美術にのめり込んで家庭を放棄した身勝手な親という以外、何の手がかりもないのだが、彩はメキシコ美術探訪の最後に訪れた闘牛場で、華麗に舞いつつも命がけで闘う闘牛士（マタドール）の雄姿に、父親の姿を重ねることで、彼の人物像を直観的に得ている。

映画では、闘牛士の闘いと彩の思いつめた表情とが交互に編集され、そこに「人間は一人で生まれ、一人で死ぬ。その間にあるのは、闘いなんだ」というミツアキの言葉が、彼女の脳裏の声として聞こえてくるだけで、この場面の狙いが不鮮明であるが、映画の小説化版を参照すると、「あたし、闘牛を見ていて気がついたの。父も…あのマタドールのように真剣に芸術と闘って…そして一人で死んで行ったということを…」のように、彼女の心情が記述されている。[32] すなわち、この父親は彩によって、メキシコ芸術と格闘して死んだ闘牛士のような勇者として把握されていると考えられる。闘牛が芸術であるならば、芸術も闘いであり、芸術家も闘士であるという論理であろう。

彩はこのように父親を強い男性として理解したが、その父親が不在であることは、八〇年代における家制度の衰退の文脈で理解することができるように思われる。この時代によく指摘されたのが、威厳ある父親の消失であり、それが家制度の衰退の表れとして理解されていたからである。ある心理学者は、八〇年代に入って「父親の不在」がよく聞かれるようになった理由として、核家族化の進行によって、「少なくとも戦前ならば家長にあたる父親の精神的な影響力が、目にみえて弱まり、その睨みがきかなくなった」と述べ[33]、別の社会学者も、戦前の父親は法律によって「『家長』としての地位と絶大な権限」を付与され、「父親の意見は絶対的なもの」であったが、新民法のもとでその法的な基盤が崩れたことで「父親の権威もまた弱体化」、さらに長時間の労働・通勤の常態化による家庭への関わりの減少も手伝って、「現代の父親は家長の地位を奪われると家族への精神的影響が目に見えて弱まり、その睨みがきかなくなった」と説明している[34]。

第二章で、従来の日本映画によく見られた、若者の恋路の障害としての父親と、八〇年代まで残存した家制度との間に対応関係が認められることを指摘したが、この関係性を延長して『カリブ・愛のシンフォニー』にも適用するならば、そこでの強い父親の不在は逆に、同時代における家長の不在、つまり家制度の衰退の表れとして理解できるように思われる。

五．ハリウッド映画『卒業』と松田聖子の教会結婚式

次に検討するのがハリウッド映画の影響であるが、『カリブ・愛のシンフォニー』の場合、影響を受けた作品を特定できる。先に触れた『卒業』である。教会結婚式は『カリブ・愛のシンフォニー』のクライマックスであるが、その見せ場は挙式そのものではなく、事故の悲報を聞いた新婦の悲壮な疾駆であり、その描写には、劇場販売パンフレットでも言及されているように『卒業』の影響を見て取ることができるからである。

『卒業』のラストでは、大学を卒業したばかりの若者（ダスティン・ホフマン）が元ガールフレンドの結婚式場に乱入し、ウエディングドレス姿の彼女を連れて教会から逃げ出すのだが、こ

のクライマックスは既成の権威への反抗の象徴として、アメリカだけではなく、日本の若者にも当時熱狂的に支持された。[35]『卒業』によって強く印象付けられた、ドレス姿で走る花嫁のイメージは以後、ひとつの映画的な定型として受け継がれている。

『カリブ・愛のシンフォニー』における教会結婚式の中断とそれに続く新婦の疾走は、この『卒業』のクライマックスからヒントを得たと思われる。その場面は、『卒業』の持っていたような反権威性は欠いているものの、代わりに走りの描写はより劇的になっている。『卒業』では、教会から走り出た二人は通りかかったバスに直ぐに飛び乗っているが、『カリブ・愛のシンフォニー』では、集まったメキシコ人たちの好奇の眼差しの中、ウエディングドレスをなびかせ、靴も途中で脱ぎ捨てて一心不乱に走るヒロインの姿は、スローモーションで時間を引き延ばされ、多彩な角度から撮られることで、悲劇性が視覚的に高められており、クライマックスにふさわしい劇的な場面に見せようという演出の跡がうかがえる。『卒業』の影響を受けたこの挙式の場面は、ハリウッド映画が教会結婚式の主流化に与えた影響を例証する一例だと言える。

最後に、映画の中で中断された教会結婚式と松田聖子の現実の教会結婚式の関係性を検討したい。先述のように彼女は映画で共演した神田正輝と結婚し、彼女の結婚は教会式への憧れを生み出す大きな要因になった。二人は映画公開後の六月に挙式、[36]人気アイドル歌手の結婚だけに「600人を超す大報道陣」が教会に集結、「教会前の沿道には約2千人のファン」が押し寄せ、[37]ホテルニューオータニでの披露宴はテレビ朝日によって十時間の特別番組として生中継され、

松田聖子は1985年６月、『カリブ・愛のシンフォニー』で共演した神田正輝とカトリック・サレジオ教会で挙式した。彼女の結婚は教会式への憧れを若い女性たちの間に生み出した。朝日新聞社提供

ゴールデンタイム（十九時から二十二時の間）の平均視聴率は三四．九％を記録した。[38]

松田聖子の結婚が教会結婚式への憧れを高めたことは、芸能誌の記事からうかがえる。『週刊明星』は、「聖子の次はワタシも…　そんな夢をかなえたい、素敵な教会を大特集！」のタイトルで特集記事を組み、「聖子ちゃんに続け！　あこがれの教会で結婚式を　ウエディングベルを鳴らすのはあ・な・た！」などの惹句とともに、「思わずひざまずきたくなるような、荘厳な聖堂内」の写真に、「チャペルの鐘、キャンドルのともる祭壇―バージンロードを歩くその日　花嫁は世界でいちばん幸せ…」のキャプションを付して、彼女の挙式したサレジオ教会を筆頭に、東京と横浜の十二の教会を過去の芸能人の挙式歴も含めて紹介している。[39]　この記事から見えてくるのは、松田聖子の結婚が教会結婚式の魅力を広める格好の機会を提供していることと、その魅力が松田聖子への憧れとも重なっていることである。

『カリブ・愛のシンフォニー』は、撮影中から松田聖子と神田正輝のロマンスが進行したことから、現実の彼女の恋愛・結婚を濃厚に反映した映画として受け取られたが、[40]　特に劇中で中断された挙式については、「教会でひとり正輝の到着を待つ聖子。映画では正輝の突然の事故死という悲劇の結末に終わったが、ふたりのこれからの人生はハッピーそのもの」[41]、「悲劇的なラストシーンとは正反対に私生活では結ばれた聖子と正輝」[42]　などと評され、現実の結婚に継承されて実現したかのように見られている。この意味では、映画の教会結婚式と松田聖子の結婚は一対のものとして捉えることができ、その挙式スタイルへの憧れを生み出してきた芸能人の結婚の文脈に位置付けることができると思われる。映画の結末は悲劇でも、スクリーン上の松田聖子のドレス姿は教会結婚式やウエディングドレスへの憧れに結びつくイメージだったと言える(43)。

なお、『週刊明星』は機会あるごとに教会結婚式の特集を組んできたが、その種の記事は一九九〇年から基調が変わっている。同年十月の記事「愛する彼と…ウエディングベルを鳴らすならリゾートの教会Ｂｅｓｔ22」は、従来載せていた芸能人の挙式写真を省き、紹介地域を北海道から沖縄まで全国に広げて、二十二の「ドラマチックな結婚式にぴったりの個性的な教会ばかり」を紹介している(44)。芸能人の挙式に関する記述のこの消失は、教会結婚式が芸能人の挙げた挙式スタイルとしての憧れの対象から、誰もが選択可能な挙式のひとつに一般化してきたことを反映しているのかもしれない。

一九八〇年代後半からの教会結婚式の増加には、家制度の衰退、ハリウッド映画の影響、芸能人の結婚の影響の三つの時代背景が関係していたが、『カリブ・愛のシンフォニー』はそれらの時代背景を、ヒロインの父親の不在、『卒業』の影響を受けた教会結婚式の描写、映画から派生した松田聖子の結婚という形で表象していた。この意味において『カリブ・愛のシンフォニー』は、一九八〇年代後半から顕著になってくる、教会結婚式と教会結婚映画の連動した増加という時代性を例証する作品として位置付けることができる。

註

（1）『別冊映画秘宝　Vol.2　アイドル映画30年史』洋泉社、二〇〇三年、一五七頁。
（2）ファンティックラブ監修『地球音楽ライブラリー　松田聖子　増補改訂版』ＴＯＫＹＯ　ＦＭ出版、二〇〇七年、二三七頁。
（3）石田伸也『１９８０年の松田聖子』徳間書店、二〇二〇年、二一七頁。
（4）石井研士『結婚式―幸せを創る儀式』日本放送出版協会、二〇〇五年、二一七頁。
（5）『結婚式―幸せを創る儀式』、三〇－三二、五〇、一五〇－一五一頁。
（6）「結婚式場探しのハナユメ」https://hana-yume.net/howto/wedding-style/ 最終アクセス日　二〇二〇年八月二〇日。
（7）『クリスチャントゥデイ』「日本のキリスト教信者は１０５万人、人口比０・８３％　日本宣教リサーチ」https://www.christiantoday.co.jp/articles/26824/20190510/japan-mission-research-report-2018.htm 最終アクセス日　二〇二〇年八月二〇日。
（8）井上章一・郭南燕・川村信三『ミッションスクールになぜ美人が多いのか―日本女子とキリスト教』朝日新書、二〇一八年、二三三－二三四頁。石川明人『キリスト教と日本人―宣教史から信仰の本質を問う』ちくま新書、二〇一九年、二一九－二二六頁。
（9）『ミッションスクールになぜ美人が多いのか』、八七－一六〇頁。
（10）井上章一『日本人とキリスト教』角川ソフィア文庫、二〇一三年、二二七－二二九頁（仏教学者の末木文美士による「解説」）。
（11）『結婚式―幸せを創る儀式』、三〇－三一、一六八、一七五頁。石井研士『日本人の一年と一生―変わりゆく日本人の心性　改訂新版』春秋社、二〇二〇年、一九四－一九五頁。
（12）評論家の斎藤美奈子は、本来のキリスト教式にはない要素として、父親が新婦と腕を組んで「バージンロード」を歩き、新婦を新郎に引き渡す儀式を挙げて、そこに家制度の残存を見ているが（斎藤美奈子『冠

（13）婚葬祭のひみつ』岩波新書、二〇〇六年、八五－八六、一一六－一一七頁）、ハリウッド映画『花嫁の父』（一九五〇年版）や『恋人たちの予感』（*When Harry met Sally…*、一九八九年）の挙式場面を見ると、そのようにして新婦が父親から新郎に引き渡されているように見える。

（14）『結婚式―幸せを創る儀式』、六七－六八頁。『日本人の一年と一生』、一九六－一九七頁。

（15）神田法子『聖子』小学館、一九八六年、一八頁。

（16）松田聖子『両手で聖子―SEIKOからのメッセージ』集英社文庫、一九八一年、二三七－二三八頁。

（17）「式場探しの決め手が見つかるクチコミサイト　Ｗｅｄｄｉｎｇ　Ｐａｒｋ」https://www.weddingpark.net/osusume/church/ 最終アクセス日　二〇二〇年一〇月一九日。

（18）「ブライダル総合情報マガジン　海外ウエディングの教科書」https://www.kuraudia.holdings/media/2019/05/wedding_movie/#i-2 最終アクセス日　二〇二〇年一〇月一九日。

（19）「式場探しの決め手が見つかるクチコミサイト　Ｗｅｄｄｉｎｇ　Ｐａｒｋ」https://www.weddingpark.net/osusume/church/feature/2/ 最終アクセス日　二〇二〇年一〇月一九日。

（20）『キネマ旬報』では、『花嫁の父』は「結婚式の豫行演習」について、「大變くわしくおしえてくれるので、ぼくたちからみれば、アメリカの教會結婚式の文化映画を見ているようなもの」であり、「一體にこの映画は、アメリカの中流家庭の「婚約から結婚まで」のスタンダアドを、まるで記録的にえがいた點で、アメリカ人には、おもいでや希望のたねになるし、日本人には、風俗習慣の紹介映画として興味がある」と評されている（『キネマ旬報』一九五一年十一月下旬号、四六頁）。

ミュージカル映画『パリの恋人』では、ファッションモデル役のヘップバーンがカメラマン（フレッド・アステア）の要望に応えて様々な衣装を着こなしながら、アステアとの華麗な踊りを披露するが、パリ郊外の教会の庭で見せるウエディングドレス姿での踊りを筆頭に、それらの場面は、「夢の如き甘さと美しさがある」（『映画芸術』）、「初めから終わりまで私たちはうっとりと夢見心地をつづけるばかりである」（『婦人倶楽部』）と評されている（『映画芸術』一九五七年九月号、五（九）（一一九）、五八頁。『婦人倶楽部』一九五七年九月号、三八（九）、七六頁）。

(21) 高野悦子『私のシネマライフ』岩波現代文庫、二〇一〇年、五七－五八頁。

(22) 五十嵐太郎・村瀬良太『「結婚式教会」の誕生』春秋社、二〇〇七年、五〇－五一、一八三－一八四、一八八頁。芸能人の結婚からの影響は、他の文献でも指摘されている（『結婚式―幸せを創る儀式』、七七頁。『冠婚葬祭のひみつ』、八二頁）。

(23) 「結婚しようよの合唱のなかでたくろうが泣いた」『セブンティーン』一九七二年七月一八日号、四八－五一頁。

(24) 「あなたもできる教会結婚式全カタログ」『週刊明星』一九七六年六月九日号、一九（一九）（九二二）、六八頁。

(25) 徳江順一郎「ブライダルにおけるセレモニー」『セレモニー・イベント学へのご招待―儀礼・儀式とまつり・イベントなど』晃洋書房、二〇一九年、一二六－一二八頁。『結婚式―幸せを創る儀式』、七七頁。

(26) 「結婚式を挙げられる憧れの教会大特集」『週刊明星』一九八七年七月二日号、三〇（二六）（一四七五）、四〇頁。

(27) 『結婚式―幸せを創る儀式』、七七頁。

(28) 松田聖子のウエディングドレス姿は映画を象徴するイメージとして、劇場販売パンフレットの表紙、雑誌掲載の広告（例えば『キネマ旬報』一九八五年四月下旬号）、小説化版（ノヴェライゼーション）の表紙、VHSソフトのパッケージ・デザインなどの媒体で大きく扱われた。

(29) 佐藤忠男『増補版　日本映画史3』岩波書店、二〇〇六年、一六六－一六七頁。

(30) 映画の小説化版を読むと、彩がメキシコ美術から受ける、次のような感銘の表現に、情熱的なエネルギーに満ちたメキシコ美術という見方がうかがえる。「リベラ、オロスコ、オゴールマン、シケイロス、タマヨ等の、見る者を圧倒する大壁画芸術」、「すごいわ！　心臓をわしづかみされるような迫力！」、「どの絵も、生命の炎がほとばしっている。とても人間業とは思えないわ…」、「メキシコの画家たちのキャンパスは、日本人には想像もつかないほどスケールが大きいのね」（藤公之介『カリブ・愛のシンフォニー』集英社文庫、一九八五年、一一九、一二四頁）。

(31) 『カリブ・愛のシンフォニー』が公開された一九八五年の日本人の海外旅行者数は約四九五万人であるが、渡航先は東アジア・東南アジア・北米（ハワイ・グアムを含む）・西ヨーロッパでほぼ全体を占め、メキシコは統計には表れてこない（『昭和61年度　観光の状況に関する年次報告』国土交通省、一九八六年、五九、六三頁）。

(32) 『カリブ・愛のシンフォニー』、一四一頁。

(33) 佐々木孝次『父親とは何か―その意味とあり方』講談社現代新書、一九八二年、三―一〇頁。

(34) 岩谷親憲「現代父親論」『社会学雑誌』第二号、神戸大学社会学研究会、一九八五年、二一一―二一三頁。

(35) 監督のマイク・ニコルズは当時、ニューヨーク市の映画館で自作を見て「最後の五分間」は、「皆、総立ちで喝采を送っていて、まるでボクシングの試合のようだった」と回想している（*International Business Times*, "How 'The Graduate' Ending Became One Of The Best Scenes In Cinema, Mike Nichols Remembered," https://www.ibtimes.com/how-graduate-ending-became-one-best-scenes-cinema-mike-nichols-remembered-1727045）。最終アクセス日　二〇二一年一月一二日。

　また、ある日本人の新聞記者は『卒業』を見た時の印象を、「それは私自身の体験でもある。68年に地方から上京し、大学に入学して最初に見た映画が、この「卒業」だ。結婚式の最中に花嫁を奪うシーンに強い衝撃を受けた。過去の常識にとらわれない新しい時代が来たのだと思った」と回想している（『朝日新聞』「映画「卒業」　ベンとエレーン」http://www.asahi.com/travel/traveler/TKY200712070239.html）。

最終アクセス日　二〇二一年一月一一日。
(36)「女性自身」芸能班編集『松田聖子　憧れて　ジューンブライド　愛の全記録』光文社、一九八五年、一九三―一九四頁。
(37)「完全密着同行取材　神田正輝・松田聖子」『週刊明星』一九八五年、七月一一日号、八頁。
(38)「ブライダルにおけるセレモニー」、一二六頁。
(39)「聖子ちゃんに続け！　あこがれの教会ガイド」『週刊明星』一九八五年八月一三日号、二八（二四）（一三七四）、三九―四五頁。
(40)例えば、映画評論家の北川れい子は『漫画ゴラク』誌上で、「あたしなんか、この映画を観ながら、現在進行形のこの2人のおっかしなレンアイを画面に重ね、フムフム、公共のスクリーンを私用に使い、愚にもつかないメロドラマでカムフラージュして、そりゃ許せませんよ、お二人サン」と揶揄している（北川れい子『勝負　ニッポン映画評』ワイズ出版、二〇一八年、三一一頁）。
(41)『週刊明星』一九八五年六月二〇日号、二八（二四）（一三七四）、九頁。
(42)『松田聖子　憧れて　ジューンブライド　愛の全記録』、一九一頁。
(43)『平凡』では、「ラスト・シーンは彼女の着るウエディング・ドレス姿というんで、話題性は十分なんだ」と評されている（「松田聖子・東宝映画『カリブ・愛のシンフォニー』4月13日公開!!・ハート革命」『平凡』一九八五年四月号、四一（四）、六〇頁）。
(44)「愛する彼と…ウエディングベルを鳴らすならリゾートの教会Ｂｅｓｔ22」『週刊明星』一九九〇年一〇月四日号、三三（三七）（一六三三）、六五―七二頁。

おわりに

松田聖子がアイドル歌手として活躍していた一九八〇年代前半の四本の主演映画を取り上げ、そこに刻印された時代性と、そこから見えてくる時代の様相を検討してきたが、この考察を終えて感じるのは、松田聖子と一九八〇年という時代との関わりあいが、歌手としての活動よりも、映画の方が具体的に見えるということである。

高音で透明感のある歌声でメルヘンのような恋愛を歌って人気を獲得した、アイドル歌手としての松田聖子には、社会の現実から遊離し、時代の桎梏から逃れているような雰囲気があった。小倉千加子はそれを、松田聖子は「翼の生えたブーツ」（『赤いスイートピー』の歌詞の一節）を履いて、「一九八〇年代を疾駆して行った」と表現したが[1]、同様のことを、沢田研二やピンク・レディーなどの数々のヒット曲を手がけ、歌手のオーディション番組「スター誕生！」（一九七一年〜一九八三年）から山口百恵を送り出した作詞家の阿久悠は、次のように述べている。

山口百恵もピンク・レディーも、体に巻きついて来る時代というものと格闘しながら、それを引き裂こうと必死であったが、松田聖子は実に平然と、時代の上にフワリと乗っかるのである。時に、まといもする。決して、破ろうとしたり、壊そうとしたりしない。（中略）アイドルもまた、山口百恵、ピンク・レディーの持っていた懸命さや健気さや、圧するものと驚かせるものから、松田聖子の希薄な存在のまま君臨するという姿に変わって行く(2)。

この「希薄な存在」という松田聖子の性格は、妖精のイメージとして捉えられるのではないだろうか。歌手としての松田聖子を特徴付けるのは、芸能誌でも「ミモザの妖精のように」とかつて形容されたことがあるように(3)、現実の束縛から解き放たれて空中を飛翔する妖精のようなイメージである。実際、妖精は彼女の楽曲の中心的イメージのひとつである。曲名や歌詞に「妖精(fairy)」やそれに類する言葉が入っている曲は少なくなく、少し探してみるだけで、『妖精たちのTea Party』、『冬の妖精』、『Angel Tears』、『天使のウインク』、『Je t'aime』、『時間の国のアリス』、『Marrakech 〜マラケッシュ〜』などが見つかるほか、二〇〇五年には『fairy』のタイトルでアルバムも出しているし、ある本で彼女は「フェアリー(妖精)」の「イメージ」を持つ芸能人で、「空へと羽ばたくことができる軽やかな靴を履いたフェアリーのように…」と描写されたりもしている(4)。

他方、本書で取り上げた独身時代の四本の映画で描かれているのは、妖精イメージの松田聖子というよりも、時代や社会のしがらみに囚われ、そこから逃れようとする彼女の葛藤であった。本書で指摘してきたように、戦前の家制度は戦後の社会にも残存し、八〇年代はその衰退の最終局面に当たっていた。松田聖子の演じるヒロインたちは、衰退しつつあるものの、まだ影響力を保持していたこの家制度と、恋愛と結婚をめぐって、彼女なりの方法で闘っていたのである。それは挙を振り上げた声高な姿勢ではなく、逡巡しながらの控えめな主張ではあったが、それもひとつの闘いである。

各作品を振り返ってみれば、『野菊の墓』では、好きな従弟との仲を引き裂かれて軍人と強制結婚させられたヒロインは、死ぬことに因習への抵抗を見出していたし、『プルメリアの伝説』のヒロインは、アメリカ人としての視点を持ち出して、お見合いに象徴されていた家制度を相対化していた。『夏服のイヴ』のヒロインは、自分の恋愛をテーマパーク体験化することで、性別役割分担という形の家制度に組み込まれるのを回避していたし、その家制度は『カリブ・愛のシンフォニー』において、父親不在という形でようやく衰退したものとして表象され、また、この家制度の衰退の流れの上で、映画出演がきっかけとなった松田聖子の教会結婚式は花開いていた。

これらの映画が当時持っていた魅力とは、恋愛映画のヒロインとしての松田聖子が見せるかわいい表情や身ぶりであったはずだが、本書の考察を通して見えてきたのは、家制度と葛藤するヒロインという、その背後にあったもうひとつの彼女の姿だったのである。

八〇年代前半の松田聖子は、歌手としては妖精のイメージ、女優としては家制度と闘う少女のイメージの二つを持っていたことになるが、結婚・出産後は、歌手としての妖精イメージは維持し続けた一方、スクリーンからは闘う少女像が消え、代わって妖精イメージがここでも出てくる。そのイメージをそのまま視覚化したかのように、宙を舞う彼女の姿を描いた映画が制作されているのである。

第四章でも言及した『どっちもどっち』では、幽霊役の松田聖子は明石家さんまの手を取って、映画『スーパーマン』（*Superman*, 一九七九年日本公開）でスーパーマンがヒロインを伴って夜のニューヨークを飛翔するように、ネオン輝く東京の上空を楽しげに舞っている。『千年の恋 ひかる源氏物語』（二〇〇一年、堀川とんこう監督）では、「思いのままに生きる女性を象徴する」精霊という、原作にはない「揚げ羽の君」(5)の役を作ってもらった松田聖子は、十二単を窮屈だと言わんばかりに脱ぎ捨てて、得意の歌声を平安の都に響かせながら宙を舞っている。

したがって、八〇年代前半の松田聖子の活躍を振り返るとき、想起されるのがアイドル歌手としての妖精イメージだけであるならば、家制度と闘う少女という、同時代のもうひとつのイメージは忘れられていることになる。彼女の主演作の考察で見えてきたのは、この忘却された、アイドル時代のもうひとつの顔だったと言える。

この残存した家制度との闘いは、ある意味では松田聖子による彼女自身との闘いでもあったかもしれない。当時の彼女は、今から思えば意外に古風な恋愛観・結婚観を語っていたからである。

いくらウーマンリブだとか、女性上位だっていったって、「男は男なんだ。女は黙ってついてこい」っていう人が素敵ですものね。きっとウーマンリブの闘士だって、そういう人に憧れていると思いますよ。どこかで。

どんなキャリアウーマンの時代でもね、女の子は、じっと男の帰りを待っていなければいけないんじゃないでしょうか。[6]

（前略）私もいつか家庭に入って奥さんになると思います。そして私はきっといい奥さんになろうと、一生懸命努力すると思うんです。

私にとってその人がかけがえのない人ならば、私はきっと歌手をやめると思います。[7]

男女の性別役割分担を肯定するような結婚観であるが、実際、彼女はこの信念通りに、「まさに男らしい、頼もしい存在[8]」だと考えた神田正輝と結婚し、芸能界から一時的に退いている。松田聖子がこのような結婚観を抱えていたことに、家制度の八〇年代における残存を確認できるし、彼女自身、その時代を生きていた女性の一人だったことがうかがえるのだが[9]、それ以後の彼女がこの保守的な結婚観の枠組みを超えて、歌手としてのキャリアを追求し続けてきたことを考えると、彼女は自分の内面にあった家制度を、どこかの時点で乗り越えてきたはずなのである。この意味では、映画で松田聖子が見せた家制度との闘いは、彼女自身の内面にあった古い価値観との葛藤の表現でもあったと見なせるのではないだろうか。

歌手・アーティストとしての輝かしい実績に比べれば、映画出演は些細なものかもしれないものの、本書で取り上げた四作品の考察から見えてきた、女優・松田聖子と一九八〇年代という時代との関わり方が、アイドル歌手全盛期の彼女のもうひとつの側面を浮かび上がらせ、その全体像の理解を深めてくれる一助になってくれれば幸いである。

註

(1) 小倉千加子『増補版　松田聖子論』朝日文庫、二〇一二年、二〇一頁。
(2) 阿久悠「大歌謡曲時代⑰　松田聖子」『文藝春秋』一九九九年五月号。
(3)『BOMB!』一九八一年四月号、学習研究社、一頁。
(4) 横田真由子『すてきな靴が一歩ふみ出す自信をくれる』クロスメディア・パブリッシング、二〇一六年、二〇五頁。
(5)『千年の恋　ひかる源氏物語』劇場販売パンフレット参照。
(6) 松田聖子『両手で聖子―SEIKOからのメッセージ』集英社文庫、一九八一年、二〇四頁。
(7) 松田聖子『青色のタペストリー』CBS・ソニー出版、一九八二年、一八六、二〇三頁。
(8) 神田法子『聖子』小学館、一九八六年、一六一頁。
(9) この時代の若い女性が無自覚なまま、家制度を内面化していたことを指摘する証言がある。戦前生まれのある新聞記者が、戦後の民主主義教育を受けてきた女子大生が結婚することを、そのまま「結婚する」ではなく、「お嫁にいく」と表現したことに、「もらわれてきた嫁は財産と家名を継承する男を産むための道具」であるとする類の「封建時代」の「考え方」が、「古い観念の尻っ尾」として残っていることに気付いて、「ああこのコも家の時代の尻っ尾をひきずっている」と思ったと記している（千田夏光『女子大生　花子』汐文社、一九八三年、七六―七八頁）。

あとがき

本書の第一・二・四章は、学会誌に発表済みの以下の論文を加筆修正したものである。

第一章「松田聖子の登竜門──『伊豆の踊子』映画化の系譜（1933‐1974）と映画『野菊の墓』（1981）」、『比較文化研究』第一三七号（日本比較文化学会、二〇一九年一〇月）

第二章「戦後のハワイ映画と『プルメリアの伝説』（1983年）における日系女性像の比較」、『比較文化研究』第一四一号（日本比較文化学会、二〇二〇年一〇月）

第四章「教会結婚式と一九八〇年代日本映画──『カリブ・愛のシンフォニー』（1985年）を代表例として」『JunCture　超域的日本文化研究』第一二号（名古屋大学大学院人文学研究科付属超域文化社会センター、二〇二一年三月）

本書の着想は、第一章の「松田聖子の登竜門」に始まる。私はアメリカ映画研究を専門としつつも、若い時分から日本文学も割と好きで、川端康成の小説もよく読んでいたのだが、二〇一五年の京都への転居を機に、『古都』などの川端作品の映画化についても調べ始めた。そうして直ぐに気付いたのは、『伊豆の踊子』が六度も映画化されていることであった。日本映画史では有名な史実であるが、それまでアメリカ映画を研究してきた私にとっては新鮮な発見であった。

この発見の際に感じた疑問が、一九七四年の山口百恵の主演作以後、なぜ新作の『伊豆の踊子』が撮られなかったのかということであった。その理由を自分なりに探ってみようと、一九七〇・八〇年代の日本映画について調べているうちに出会ったのが、松田聖子の初主演作『野菊の墓』である。

松田聖子が『野菊の墓』で映画デビューしたことは封切時から知っていたが（その時には未見）、今回の調査では、『伊豆の踊子』映画化の系譜の延長上に、改めてこの映画が浮上してきたのである。すなわち、第一章で論じたように、『野菊の墓』が実は制作されなかった七作目の『伊豆の踊子』に相当するのではないだろうかという閃きである。この発想を敷衍して、もしも松田聖子が『伊豆の踊子』で主演していたら「新人女優の登竜門」を果たしてくぐりぬけられていたであろうか、という第一章の問題設定につながったのである。

そして、『野菊の墓』考察の参考のために、松田聖子のその後の主演作も併せて見たのだが、その際に感じたのが、それら三作品が、映画の出来栄えはアイドル映画としても並みの部類にしか入らないとしても、研究対象としても意外におもしろいのではないだろうかということだった。

これらの主演作はＤＶＤ化されていないことからも分かるように（『プルメリアの伝説』だけはネットで有料配信されている）、今では市場価値がほとんどないとされているが、制作から三十五年以上も経て初めて見て抱いたのは（実はこれらも公開時には観ていない）、松田聖子のためにだけ企画された、素直な恋愛劇であるがゆえに、かえって一九八〇年代という時代性がそのままフィルムに写りこんでいるという印象であった。ここから、『野菊の墓』以後の主演作を八〇年代の時代的文脈で考察するという構想が生まれ、各作品の切り口をハワイ・東京ディズニーランド・教会結婚式に定めて、考察・執筆を進めていったのである。

一九八〇年代前半は私が中高生だった時期に当たるので、この時代の松田聖子の映画の考察は、一面では当時を振り返る楽しい作業であったが、考察が自分自身の記憶や印象に頼りすぎないように、資料での確認を心がけた。

また、本書の執筆にあたっては、一九八〇年代を中心に、日本映画の他の現代劇も広く観るように心がけたのだが、その鑑賞を通して気付いたのは、松田聖子の歌や名前などが他の映画にも散見されることだった。流行に敏感なのが大衆娯楽としての映画なので、松田聖子と彼女の楽曲への言及は当たり前のことではあるが、おもしろかったので列記してみたい。

『刑事物語』（一九八二年、渡邉祐介監督）には、売春で補導された三人の女子高生が取り調べを受ける場面があるが、名前を聞かれた彼女たちは一人ずつ、「河合奈保子、松田聖子、淡谷のり子」と刑事を小ばかにするように答えている。当時を知らない世代には、この三人の組み合わせは少しもおもしろくないであろう。

松田聖子の九番目のシングル曲『渚のバルコニー』（一九八二年四月）は、次の作品で使われていた。『ションベン・ライダー』（一九八三年、相米慎二監督）では、横浜のヤクザが廃船の中でこの曲を口ずさみながら麻薬を打とうとしていて、『二代目はクリスチャン』では、神戸の弱小暴力団の組員がビルの屋上で甲羅干し中に、『渚のバルコニー』がラジオから流れている。なぜか、どちらもヤクザがらみの場面である。

『台風クラブ』（一九八五年、相米慎二監督）では、松田聖子の曲が二曲使われている。夜の中学校のプールで五人の女子中学生が『青い珊瑚礁』を歌いながら、同級生の男子をからかって水に沈め、別の場面では、工藤夕貴演じるその中の一人は、夜の自宅のベランダで『SWEET MEMORIES』（一九八三年八月）を口ずさんでいる。その工藤夕貴は前年に『逆噴射家族』（一九八四年、石井聰亙監督）で、女子プロレス好きでアイドル歌手志望の女子高生を演じているが、彼女の部屋には松田聖子のポスターが貼られている。

松田聖子はデビューしたての頃に「ぶりっ子」と揶揄され、この言葉が一時期流行したが、非行に走った女子中学生と、専門家の助言を受けながら彼女を立ち直らせようとする両親との葛藤を描いた『積木くずし』（一九八三年、斎藤光正監督）では、暴走族集団から抜け出て家族の輪の中に戻ろうと努力する主人公（渡辺典子）が、仲間だった女友達から「ぶりっ子」の言葉を投げつけられている。

日活ロマンポルノに目を向けると、臆面もなく俗受けを狙うタイプの映画であるだけに、見た目が松田聖子に似ていないこともない寺島まゆみを、「ポルノ界の松田聖子」（『青い珊瑚礁』予告編より）として、『ひと夏の体験　青い珊瑚礁』（一九八一年、池田敏春監督）で売り込み、続いて「ぶりっ子」の「寺島聖子」という役柄で『ズームアップ　聖子の大股《ふともも》』（一九八二年、小原宏裕監督）に主演させた。この『聖子の大股』は、『聖子の大股　ザ・チアガール』（一九八二年、川崎善広監督）、『聖子の大股　女湯小町』（一九八二年、中原俊監督）と続いて三部作になった[1]。三作目では、銭湯で挙式中の彼女を元恋人が奪い返しに来るという『卒業』のパロディが見られる。

　他のロマンポルノ映画でも、松田聖子の名前と彼女の楽曲が取り上げられている。『(本)噂のストリッパー』（一九八二年、森田芳光監督）では、「グロリア」という芸名のストリッパーに岡惚れした青年が、彼女への花束と手紙を、威勢のいい劇場の呼び込みの兄ちゃんに託す。この兄ちゃんはその場で手紙を開くと、「グロリアさまあ?!　松田聖子様じゃあ、あるまいし…。いじらしい野郎だぜ」と、憐れみと蔑みの入り混じったような口吻を漏らす。同じ森田芳光監督の『ピンクカット　太く愛して深く愛して』（一九八三年）では、松田聖子の写真を配したお菓子の広告が冒頭の映像に見えている。また『3年目の浮気』（一九八三年、中原俊監督）には、スナックのカラオケで女性二人が『渚のバルコニー』を熱唱する場面があり、人形会社の企画会議の場面では「聖子ちゃん人形」が提案されている。

　松田聖子の楽曲を一種のモチーフとして使っていたのが『Love Letter』（一九九五年、岩井俊二監督）である。北海道の雪山で谷底に転落した青年が、大嫌いだったはずの松田聖子の『青い珊瑚礁』を歌いながら死んでいった。この転落死の状況が最後に明かされる伏線として、彼の友人（豊川悦司）が『青い珊瑚礁』を口ずさむ場面が三度出てくる。死んだ青年は好きな女性には不愛想にするというタイプの男性なので、実は松田聖子の大ファンだったのかもしれない。この青年の小樽の中学時代の同級生と、神戸の大学時代の恋人を中山美穂が二役で演じている。

流行歌や往年のヒット曲を登場人物に歌わせたり、小道具的に使ったりするのは、ごくありふれた演出なので、ここで紹介した映画における松田聖子の楽曲の引用や彼女への言及も、『青い珊瑚礁』の使い方に象徴的な解釈が可能な『Love Letter』を除けば、彼女がこの時代に活躍したことの証左以上のものではなく、作中の時代背景の一要素にしか過ぎないのであるが、彼女が時代の寵児であったことが改めて確認できて、おもしろい発見だった。

松田聖子への関心は、昨年デビュー四十周年を迎えたこともあって、最近とみに高まっているように思われる。彼女に関する書籍の刊行やテレビの特集番組の放送も昨年から続いている。筆者自身はそのように感じていないが、本書もそうした彼女への関心の高まりから実は生まれたのかもしれない。

最後に本書の出版にあたっては、溪水社の木村斉子さんに大変お世話になりました。ありがとうございました。

二〇二一年一月　長谷川功一

註

（1）松島利行『日活ロマンポルノ全史─名作・名優・名監督たち』講談社、二〇〇〇年、三二三頁。『日本映画1983　1982年公開映画全集』芳賀書店、一九八三年、二二七頁。

参考文献一覧

相澤秀禎『松田聖子のバランスシート―女として、社員として』光文社、一九八三年
粟田房穂・高成田亨『増補版　ディズニーランドの経済学』朝日文庫、二〇一二年
五十嵐太郎・村瀬良太『「結婚式教会」の誕生』春秋社、二〇〇七年
石井研士『結婚式―幸せを創る儀式』日本放送出版協会、二〇〇五年
石井研士『日本人の一年と一生―変わりゆく日本人の心性　改訂新版』春秋社、二〇二〇年
石川明人『キリスト教と日本人―宣教史から信仰の本質を問う』ちくま新書、二〇一九年
石田伸也『1980年の松田聖子』徳間書店、二〇二〇年
井上章一『日本人とキリスト教』角川ソフィア文庫、二〇一三年
井上章一・郭南燕・川村信三『ミッションスクールになぜ美人が多いのか―日本女子とキリスト教』朝日新書、二〇一八年
色川大吉『昭和史　世相篇』小学館ライブラリー、一九九四年
上野千鶴子『近代家族の成立と終焉　新版』岩波現代文庫、二〇二〇年
上野千鶴子・雨宮処凛『世代の痛み―団塊ジュニアから団塊への質問状』中公新書ラクレ、二〇一七年
大下英治『魔性のシンデレラ―松田聖子ストーリー』角川文庫、一九八九年
岡田茉莉子『女優　岡田茉莉子』文春文庫、二〇一二年
奥野一生『新・日本のテーマパーク研究』竹林館、二〇〇八年
小倉千加子『増補版　松田聖子論』朝日文庫、二〇一二年
落合恵美子『21世紀家族へ―家族の戦後体制の見かた・超えかた　第4版』有斐閣選書、二〇一九年

落合真司『80年代音楽に恋して』青弓社、二〇一六年
折戸晴雄『観光ビジネスの戦略―ハワイ旅行を企画する』玉川大学出版部、二〇〇七年
恩地日出夫『「砧」撮影所とぼくの青春』文藝春秋社、一九九九年
欠田誠『マネキン―美しい人体の物語』晶文社、二〇〇二年
加山雄三『若大将の履歴書』日本経済新聞出版社、二〇一〇年
河崎義祐『映画の創造』講談社現代新書、一九八四年
神田法子『聖子』小学館、一九八六年
岸本葉子『クリスタルはきらいよ―女子大生の就職活動日記』泰流社、一九八五年
北川れい子『勝負　ニッポン映画評』ワイズ出版、二〇一八年
高護『歌謡曲―時代を彩った歌たち』岩波新書、二〇一一年
五所平之助『わが青春』永田書房、一九七八年
小杉礼子『フリーターという生き方』勁草書房、二〇〇三年
ジェーン・コンドン『半歩さがって―奇跡の国ニッポン　'80年代日本の女性たち』石井清子訳、主婦の友社、一九八六年
エドワード・G・サイデンステッカー『流れゆく日々―サイデンステッカー自伝』安西徹雄訳、時事通信社出版局、二〇〇四年
斉藤完『映画で知る美空ひばりとその時代―銀幕の女王が伝える昭和の音楽文化』スタイルノート、二〇一三年
斎藤美奈子『冠婚葬祭のひみつ』岩波新書、二〇〇六年
三枝康高編『川端康成入門』有信堂、一九六九年
酒井政利『誰も書かなかった昭和スターの素顔』宝島SUGOI文庫、二〇一八年
佐々木孝次『父親とは何か―その意味とあり方』講談社現代新書、一九八二年
佐藤忠男『増補版　日本映画史3』岩波書店、二〇〇六年

佐藤忠男・山根貞男責任編集『日本映画1982　1981年公開映画全集』芳賀書店、一九八二年
佐藤忠男・山根貞男責任編集『日本映画1983　1982年公開映画全集』芳賀書店、一九八三年
佐藤忠男・山根貞男責任編集『日本映画1984　1983年公開映画全集』芳賀書店、一九八四年
澤井信一郎・鈴木一誌『映画の呼吸―澤井信一郎の監督作法』ワイズ出版、二〇〇六年
澤渡貞男『海外パッケージ旅行発展史―観光学再入門』彩流社、二〇〇九年
ジェームス三木原作・はりうしずえノベライズ『夏服のイヴ』集英社文庫、一九八四年
鹿野政直・堀場清子『祖母・母・娘の時代』岩波ジュニア新書、一九八五年
鈴木則文著・小野寺勉編『権威なき権威―カントク野郎鈴木則文』ワイズ出版、二〇一八年
千田夏光『女子大生　花子』汐文社、一九八三年
リチャード・ダイアー『映画スターの〈リアリティ〉―拡散する「自己」』浅見克彦訳、青弓社、二〇〇六年
高木眞理子『日系アメリカ人の日本観―多文化社会ハワイから』淡交社、一九九二年
高野悦子『私のシネマライフ』岩波現代文庫、二〇一〇年
高峰秀子『わたしの渡世日記　上』文春文庫、一九九八年
寺脇研『昭和アイドル映画の時代』光文社知恵の森文庫、二〇二〇年
徳江順一郎・二村祐輔・廣重紫『セレモニー・イベント学へのご招待―儀礼・儀式とまつり・イベントなど』晃洋書房、二〇一九年
中岡京平『プルメリアの伝説　天国のキッス』集英社文庫、一九八三年
中川右介『山口百恵―赤と青とイミテイション・ゴールドと』朝日文庫、二〇一二年
中川右介『松田聖子と中森明菜―一九八〇年代の革命　増補版』朝日文庫、二〇一四年
西河克己『「伊豆の踊子」物語』フィルムアート社、一九九四年
西河克己・権藤晋『西河克己映画修行』ワイズ出版、一九九三年
能登路雅子『ディズニーランドという聖地』岩波新書、一九九〇年

橋爪紳也『日本の遊園地』講談社現代新書、二〇〇〇年
橋本麻紀『女はみんな松田聖子が好き』千早書房、一九九四年
蓮實重彦『映画狂人―シネマの煽動装置』河出書房新社、二〇〇一年
馬場康夫『ディズニーランドが日本に来た！―「エンタメ」の夜明け』講談社＋α文庫、二〇一三年
濱口桂一郎『働く女子の運命』文春新書、二〇一五年
林信吾・葛岡智恭『昔、革命的だったお父さんたちへ―「団塊世代」の登場と終焉』平凡社新書、二〇〇五年
速水健朗『都市と消費とディズニーの夢―ショッピングモーライゼーションの時代』角川ＯＮＥテーマ21、二〇一二年
昼間たかし『１９８５‐１９９１　東京バブルの正体』マイクロマガジン社、二〇一七年
藤公之介『カリブ・愛のシンフォニー』集英社文庫、一九八五年
布施克彦『24時間戦いました―団塊ビジネスマンの退職後設計』ちくま新書、二〇〇四年
アラン・ブライマン『ディズニー化する社会―文化・消費・労働とグローバリゼーション』能登路雅子監訳・森岡洋二訳、明石書店、二〇〇八年
古川薫『花も嵐も―女優・田中絹代の生涯』文春文庫、二〇〇四年
古川ロッパ『古川ロッパ昭和日記・戦後篇』晶文社、一九八八年
北條誠『川端康成　文学の舞台』平凡社、一九七三年
松島利行『日活ロマンポルノ全史―名作・名優・名監督たち』講談社、二〇〇〇年
松田聖子『両手で聖子―ＳＥＩＫＯからのメッセージ』集英社文庫、一九八一年
松田聖子『青色のタペストリー』ＣＢＳ・ソニー出版、一九八二年
三浦展『団塊世代の戦後史』文春文庫、二〇〇七年
三浦友和『被写体』マガジンハウス文庫、二〇〇九年
三國隆三『木下惠介伝―日本中を泣かせた映画監督』展望社、一九九九年

矢口祐人『憧れのハワイ―日本人のハワイ観』中央公論新社、二〇一一年
山口誠『ニッポンの海外旅行―若者と観光メディアの50年史』ちくま新書、二〇一〇年
山中速人『ハワイ』岩波新書、一九九三年
山元悦子編・鶴見和子監修『女と男の時空―日本女性史再考　一三巻　溶解する女と男―現代』藤原書店、二〇〇一年
横田真由子『すてきな靴が一歩ふみ出す自信をくれる』クロスメディア・パブリッシング、二〇一六年
吉永小百合『人間の記録122　吉永小百合　夢一途』日本図書センター、二〇〇〇年
キネマ旬報社編『日本映画人名事典　女優篇下巻』キネマ旬報社、一九九五年
月刊『アクロス』編集室編・著『アクロスSS選書　イエローブックシリーズNo.2　現代女性ニュートレンドリポート』パルコ出版、一九八三年
月刊『アクロス』編集室編・著『アクロスSS選書シリーズNo.7　感性差別化社会へ向けて　新人類がゆく。』パルコ出版、一九八五年
「女性自身」芸能班編集『松田聖子　憧れて　ジューンブライド　愛の全記録』光文社、一九八五年
日本経済新聞社編『私の履歴書―文化人13』日本経済新聞社、一九八四年
日本映画テレビプロデューサー協会・岩波ホール編『映画で見る日本文学史』岩波ホール、一九七九年
ファンティッククラブ監修『地球音楽ライブラリー　松田聖子　増補改訂版』TOKYO　FM出版、二〇〇七年
『語れ！　80年代アイドル』KKベストセラーズ、二〇一四年
『1980年代の映画には僕たちの青春がある』キネマ旬報社、二〇一六年
『昭和61年度　観光の状況に関する年次報告』国土交通省、一九八六年
『東京ディズニーリゾート30周年記念出版　30年のハピネス』講談社、二〇一三年
『東宝青春映画のきらめき』キネマ旬報社、二〇一二年

『別冊映画秘宝　Vol.2　アイドル映画30年史』洋泉社、二〇〇三年
『別冊　近代映画　山口百恵　伊豆の踊子　特集号』近代映画社、一九七五年
『若大将グラフィティ』角川書店、一九九五年

Michael Caine, *Acting in Film: An Actor's Take on Movie Making*, New York & London: Applause Theatre Book Publishers, 1990.
Richard Dyer, *The Matter of Images: Essays on Representations*, London and New York: Routledge, 2002.
Steven Mintz, Randy Roberts, *Hollywood's America: United States History through Its Films*, St. James, New York: Brandywine Press, 1993.

次の新聞・雑誌・学会誌を参照
『朝日新聞』、『京都新聞』、『毎日新聞』、『讀賣新聞』、『映画芸術』、『キネマ旬報』、『近代映画』、『月刊レジャー産業』、『サンデー毎日』、『シナリオー映画芸術の原点　Scenarioの月刊誌』、『社会学雑誌』、『JAF Mate』、『週刊平凡』、『週刊明星』、『週刊民社』、『週刊読売』、『セブンティーン』、『旅』、『婦人倶楽部』、『文藝春秋』、『平凡』、『ＢＯＭＢ！』、*The New York Times*

次の劇場販売パンフレットを参照
『夏服のイヴ』、『カリブ・愛のシンフォニー』、『フリーター』、『千年の恋　ひかる源氏物語』

【著者】
長谷川　功一（はせがわ　こういち）

1966年３月、札幌市生まれ。北海道大学工学部卒業後、日本放送協会（NHK）勤務を経て、ペンシルバニア州立大学修士課程、北海道大学大学院文学研究科博士後期課程修了。博士（文学）。現在、京都情報大学院大学教授。専門は映画研究。著書に『カーチェイス表象の探究―ハリウッド最大のスペクタクルの映画史』（溪水社、2018年）などがある。

銀幕の松田聖子
伊豆の踊子・ハワイ・東京ディズニーランド・
教会結婚式から見えてくる一九八〇年代

2021年４月20日　発　行

著　者　長谷川　功一
発行所　株式会社溪水社
広島市中区小町1-4（〒730-0041）
電話082-246-7909　FAX082-246-7876
e-mail: info@keisui.co.jp（代表）

ISBN978-4-86327-554-6 C0074